JPT 숙어표현 900

130점 더 올려주는

강성광 지음

JPT 실전시험을 대비하여 우리가 숙어를 정리해야 하는 이유는 두 가지의 큰 효과가 있기 때문이다.

첫째 문제풀이의 속도를 현격하게 높여준다.
실전에서는 순서상 가장 뒤에 있는 순수 독해부분에서 많은 사람들이 시간 부족으로 인해 문제를 제대로 읽어보지도 못하고 답을 표기하는 경우를 볼 수 있다. 이러한 상황이 일어나는 것은 바로 그 이전 170번까지의 문제풀이 능력이 떨어지기 때문이다. 예를 들어, 아는 것과 모르는 것이 분명한 부분(파트5~7)의 문제는 주어진 시간(50분)의 절반을 초과하지 않는 범위(25분) 내에서 빠른 속도로 문제지에 답을 체크하고, 그 나머지 시간을 독해 문제 풀이에 이용해야 한다. 이렇게 속도감을 유지하면서 풀이를 풀 수 있는 방법은 숙어를 암기해 두어 문제지를 보고 즉석즉답이 가능하게 만들어주는 길밖에 없다.

둘째 문맥의 오류를 빠르게 지적해낼 수 있게 한다.
밑줄이든, 본문이든 위에 제시한 내용과 맞는 표현, 바른 표현을 고르라는 것이 JPT문제의 핵심이다. 의미 단위로서의 숙어 혹은 문형을 많이 학습한 사람들은 직감적으로 틀린 부분을 지적할 수도 있겠고, 부분적으로 교묘하게 틀어놓은 문법 문형, 관용구의 부분적 오류를 간파하거나 어순 등이 이상할 경우 이런 부분을 즉각 지목해 낼 수 있다. 이것이 바로 숙어가 시험에서 위력을 발휘하는 가장 강력한 힘이고 숙어를 공부해야 하는 이유이다.

JPT는 언어로서의 일본어의 운용능력, 즉 정보교환이나 수단으로서의 일본어를 어느 정도 몸에 익히고 있는가를 측정하는 시험이다. JPT에서의 고득점의 길, 그것은 일본어의 습관화 이외의 어떠한 좋은 방법도 없다. 숙어는 우리가 매일 주변에서 접하고 있는 상황을 의미 단위로 기억하여 효과적으로 전달할 수 있는 유용한 방법이다. 뉴스, 신문, 사무실, 시장, 전철역 등 우리가 일상생활 중 접할 수 있는 모든 매체와 상황을 긴 문장이 아닌 짧은 문장으로 묘사해 보는 연습을 끊임없이 해 보라는 것이다.

이런 의미에서 「JPT 숙어표현 900」이 수험생 여러분들의 JPT성적향상에 조그만 보탬이 되었으면 하는 바람과 더불어 부디 목표하는 점수에 도달하기를 진심으로 바라마지 않는다.

강 성광

130점 더 올려주는 JPT 숙어표현 900

머리말

STEP1	독해·문법·오문정정 문제에 잘 나오는 기본 숙어 300
part1	독해·문법·오문정정 문제에 잘 나오는 기본 숙어① 100
part2	독해·문법·오문정정 문제에 잘 나오는 기본 숙어② 100
part3	독해·문법·오문정정 문제에 잘 나오는 기본 숙어③ 100

STEP2	독해·문법·오문정정 문제에 빈번하게 나오는 어구 300
part1	주변 단어와 어울려 바로 정답으로 연결되는 핵심어구 100
part2	의미단위로 외워서 바로바로 득점을 올리는 숙어 100
part3	구별이 애매하여 숙어처럼 외워야 효과적인 표현 100

STEP3	독해·문법·오문정정 문제에 잘 나오는 기능어로서의 숙어 49
part1	혼동하기 쉬운「こと」관련 숙어 15
part2	혼동하기 쉬운「もの」관련 숙어 10
part3	문어체 표현이 가미된 숙어 24

STEP4	조사에 잘 연결되는 숙어 150
part1	조사 「か」와 잘 어울리는 숙어 6
part2	조사 「が」와 잘 어울리는 숙어 7
part3	조사 「から」와 잘 어울리는 숙어 5
part4	조사 「て(で)」와 잘 어울리는 숙어 25
part5	조사 「と」와 잘 어울리는 숙어 21
part6	조사 「に」와 잘 어울리는 숙어 58
part7	조사 「は」와 잘 어울리는 숙어 5
part8	조사 「を」와 잘 어울리는 숙어 23

STEP5	조동사와 잘 어울리는 숙어 59
part1	「동사ます형」과 잘 어울리는 숙어 13
part2	「동사ない형」과 잘 어울리는 숙어 24
part3	「동사た형」과 잘 어울리는 숙어 16
part4	「う、よう」와 잘 어울리는 숙어 6

STEP6	형태, 의미로 분류해 본 숙어 59
part1	극한을 나타내는 숙어 8
part2	가정조건을 나타내는 숙어 10
part3	접미어 중심의 숙어 13
part4	「동사원형」과 잘 어울리는 숙어 13
part5	「연어」로 암기할 숙어 15

독해 · 문법 · 오문정정 문제에
잘 나오는 **기본 숙어 300**

STEP1

독해·문법·오문정정 문제에 잘 나오는 기본 숙어① 100

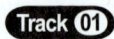

001 ☐	雨が降る	비가 오다(내리다)
002 ☐	雨がやむ	비가 그치다
003 ☐	家を出る	집에서 나가다(나오다)
004 ☐	イメージが違う	이미지가 다르다
005 ☐	うまくいく	일이 잘 되어가다
006 ☐	大きくなる	어린아이가 성장하다, 어른이 되다
007 ☐	お腹が空く	배고프다
008 ☐	お風呂に入る	목욕탕에 들어가다, 목욕을 하다

STEP 1

001 □ きのうは雨が降りましたが、今日は空が晴れています。
어제는 비가 왔지만, 오늘은 하늘이 개었습니다.

002 □ 今日はもう雨がやみそうにないですね。
오늘은 이제 비가 그칠 것 같지 않군요.

003 □ 家を出る前に、ガスと電気を必ず確認してください。
집을 나오기 전에 가스와 전기를 반드시 확인해 주세요.

004 □ あるにはあったのですが、私が想像していた物とは少しイメージが違いました。
있기는 있었습니다만, 내가 상상하던 것과는 약간 이미지가 달랐습니다.

005 □ 会社の経営がうまくいかなくなって、倒産した。
회사 경영이 잘 안 되어 도산했다.

006 □ 私の娘は、大きくなったらバレリーナになりたいと言っています。
우리 딸은 커서 발레리나가 되고 싶다고 합니다.

007 □ お腹がすきました。何か食べ物ありませんか。
배가 고파요. 뭐 먹을 것 없나요?

008 □ お風呂に入って、ゆったりとくつろいだ。
목욕을 하고 느긋하게 휴식을 취했다.

130점 더 올려주는 JPT 숙어표현 900 9

009 ☐	お目見えする	첫 선을 보이다
010 ☐	お湯が沸く	물이 끓다
011 ☐	お礼を言う	감사의 말을 하다
012 ☐	カーテンをかける	커튼을 달다
013 ☐	顔をする	표정을 짓다
014 ☐	顔色が悪い	안색이 나쁘다
015 ☐	傘をさす	우산을 쓰다
016 ☐	火事がある	불이 나다

009 近く国内線に新型のエアバスがお目見えするらしい。
머잖아 국내선에 신형 에어버스가 첫 선을 보인다고 한다.

010 お湯を沸かす。
목욕물을 끓이다.
お湯が沸いていますよ。
물이 끓었어요.

011 彼はお礼を言わなかった。それどころか、迷惑そうな表情を見せた。
그는 고맙다는 말을 하지 않았다. 그러기는커녕 달갑잖은 것 같은 표정을 보였다.

012 窓にカーテンをかけました。
창문에 커튼을 달았습니다.

013 姉が母にプレゼントを渡すと、母はとても嬉しそうな顔をした。
언니가 엄마에게 선물을 건네주자, 엄마는 매우 기쁜 얼굴을 했다.

014 顔色が悪いようですけど、どうしたんですか。
안색이 안 좋은데 무슨 일 있어요?

015 傘をさして歩いています。
우산을 쓰고 걷고 있습니다.

016 彼は家で火事があったことを知りませんでした。
그는 집에서 불이 났다는 것을 몰랐습니다.

017 ☐	風邪をひく	감기에 걸리다
018 ☐	がっかりする	실망하다
019 ☐	体を壊す	건강을 해치다
020 ☐	感動を受ける	감동을 받다
021 ☐	機嫌がいい	기분이 좋다
022 ☐	規則を守る	규칙을 지키다
023 ☐	ギターを弾く	기타를 치다
024 ☐	気に入る (お気に召す)	마음에 들다 (마음에 드시다)
025 ☐	気分が悪い	몸(속)이 안 좋다

017 □ 年末に妻に風邪をひかれ、一人で大掃除をすることになりました。
연말에 아내가 감기가 들어 혼자서 대청소를 하게 되었습니다.

018 □ 失敗してがっかりしている友をなぐさめる言葉が出てこなかった。
실패하여 실망하고 있는 친구를 위로할 말이 나오지 않았다.

019 □ 寒すぎるクーラーは体を壊します。
지나치게 찬 냉방은 몸에 좋지 않습니다.

020 □ 以前見た映画だったが、先日見た時も感動を受けた。
이전에 봤던 영화였지만, 며칠 전에 봤을 때도 감동을 받았다.

021 □ 部長の機嫌がいいところをみると、交渉はうまくいったようですね。
부장님의 기분이 좋은 것을 보니 교섭이 잘 된 것 같군요.

022 □ 地域の規則を守って暮す。
지역의 규칙을 지키며 생활하다.

023 □ ギターを弾くことはできますが、歌は上手に歌えません。
기타를 칠 수 있습니다만, 노래는 잘 부르지 못합니다.

024 □ この店には気に入った服がない。
이 가게에는 마음에 드는 옷이 없다.

025 □ ご飯を食べてから何だか気分が悪いんです。
밥을 먹고 나서 속이 안 좋습니다.

026 ☐	気持ちになる	마음(기분, 생각)이 들다
027 ☐	気をつける	주의하다
028 ☐	具合が悪い	사정이 안 좋다, 몸 상태가 나쁘다
029 ☐	空気が乾く	공기가 건조하다
030 ☐	クーラーをつける	에어컨을 켜다
031 ☐	薬が利く	약이 효과가 있다
032 ☐	薬を飲む	약을 먹다
033 ☐	口に合う	입에 맞다

026 □ 交通機関が発達して、スピード化が進めば進むほど、ゆっくり旅がしたいという気持ちになる。
교통기관이 발달하고, 스피드화가 진행되면 진행될수록, 느긋하게 여행을 하고 싶은 마음이 든다.

027 □ 今日は曇っていて見通しが悪いので運転には気をつけなければならない。
오늘은 흐려서 조망이 나쁘기 때문에 운전에 주의해야 한다.

028 □ 具合が悪いので診察を受けたが、たいしたことがないと言われた。
몸이 안 좋아서 진찰을 받았지만, 이렇다 할 이상은 없다고 했다.

029 □ 冬季に火事が多いのは空気が乾いていることによる。
겨울철에 화재가 많은 것은 공기가 건조함으로 인한 것이다.

030 □ 暑いからクーラーをつけてください。
더우니까 에어컨을 켜 주십시오.

031 □ 風邪にはこの薬がよく利きます。
감기에는 이 약이 잘 듣습니다.

032 □ 頭がとても痛かったので薬を飲んだが効果がなかった。
머리가 굉장히 아파서 두통약을 먹었지만 효과가 없었다.

033 □ 日本へ行った時、生れてはじめて寿司を食べてみたが、口に合わなかった。
일본에 갔을 때 태어나서 처음으로 초밥을 먹어봤는데, 입에 맞지 않았다.

034 ☐	口<ruby>くち</ruby>をきく	말을 하다
035 ☐	首<ruby>くび</ruby>になる	해고당하다
036 ☐	計画<ruby>けいかく</ruby>を立<ruby>た</ruby>てる	계획을 세우다
037 ☐	怪我<ruby>けが</ruby>をする	부상을 당하다(입다)
038 ☐	研修<ruby>けんしゅう</ruby>を受<ruby>う</ruby>ける	연수를 받다
039 ☐	声<ruby>こえ</ruby>がする	소리가 나다(목소리가 들리다)
040 ☐	故障<ruby>こしょう</ruby>が起<ruby>お</ruby>きる	고장이 생기다(발생하다)
041 ☐	こつこつ努力<ruby>どりょく</ruby>する	꾸준히 노력하다

034 初対面なのに馴れ馴れしい口をきいてしまってすみません。
처음 만난 사이인데 버릇없이 굴어서 미안합니다.

035 彼は東京へ出て商社で働くようになったが、いきなり首になった。
그는 도쿄로 나와서 상사에서 일하게 되었으나 갑자기 해고당했다.

036 旅行のことは私に任せてください。きっといい計画を立てますから。
여행은 저에게 맡겨 주세요. 꼭 좋은 계획을 세울 테니까.

037 その観光バスには乗客が38人乗っていたが、6人を除いて他の乗客はみな軽い怪我をした。
그 관광버스에 승객이 38명 타고 있었는데, 6명을 빼고 다른 승객은 모두 가벼운 부상을 입었다.

038 新人はだれでも海外で研修を受けなければならない。
신입사원은 누구나 해외에서 연수를 받아야 한다.

039 となりの部屋にだれかいますか。さっきから話し声がします。
옆방에 누군가 있습니까? 아까부터 이야기 소리가 납니다.

040 たびたび故障が起きるので、今回は全面的な点検を行うことにしました。
종종 고장이 생기므로 이번에는 전면적인 점검을 하기로 했습니다.

041 苦しい中こつこつ努力して外交官になった。
어려운 가운데 꾸준히 노력하여 외교관이 되었다.

042 ☐	財布を取られる	지갑을 도난당하다
043 ☐	盛んに行われる	왕성하게 이루어지다
044 ☐	酒に強い	술이 세다
045 ☐	時間をおく	시간을 두다
046 ☐	事故が起きる	사고가 나다
047 ☐	辞書で調べる	사전을 찾아보다
048 ☐	辞書を引く	사전을 찾다
049 ☐	写真を撮る	사진을 찍다
050 ☐	シャワーを浴びる	샤워를 하다

042 □ 今朝、バスの中で財布を取られました。
오늘 아침, 버스 안에서 지갑을 도난당했습니다.

043 □ 宇宙ロケットの開発が盛んに行われています。
우주 로켓 개발이 활발히 진행되고 있습니다.

044 □ 彼はお酒に強く、飲んでも飲んでもぜんぜん酔わない。
그는 술이 세서, 아무리 마셔도 전혀 취하지 않는다.

045 □ 話し合いで決めるなら、もう少し時間をおいてからにしましょう。
대화로 결정할 거라면 좀 더 시간을 두고서 합시다.

046 □ 不注意から事故が起きた。
부주의 때문에 사고가 일어났다.

047 □ 辞書で調べても、この言葉の意味はわかりません。
사전을 찾아봐도 이 말 뜻은 모르겠습니다.

048 □ いくら辞書を引いてもとうとうこの言葉の意味はわからなかった。
아무리 사전을 찾아도 결국 이 단어의 의미는 알 수 없었다.

049 □ この部屋では写真を撮ってはいけません。
이 방에서는 사진을 찍으면 안 됩니다.

050 □ 家へ帰って、まず熱いシャワーを浴びようと思います。
집에 돌아가면 먼저 뜨거운 샤워를 하려 합니다.

051 ☐	授業に遅れる	수업에 늦다(지각하다)
052 ☐	受験競争が激しい	입시 경쟁이 치열하다(격심하다)
053 ☐	知らない顔をする	모른 척 하다
054 ☐	ズボンがきつい	바지가 꽉 끼다
055 ☐	生活を送る	생활을 하다
056 ☐	責任をとる	책임을 지다
057 ☐	背が高い	키가 크다
058 ☐	税金を払う	세금을 내다
059 ☐	席を離れる	자리를 뜨다

051 □ 昨日授業に遅れて先生に叱られました。
어제 수업에 늦어서 선생님께 꾸중을 들었습니다.

052 □ 受験競争が激しいのは、学歴社会の影響があるからだといえる。
입시 경쟁이 치열한 것은, 학력사회의 영향이 있기 때문이라고 할 수 있다.

053 □ 人にぶつかっても、知らない顔をする人がいる。
사람에게 부딪치고도, 모른 척 하는 사람이 있다.

054 □ このズボンは僕にはちょっときついです。
이 바지는 나에게는 조금 낍니다.

055 □ 引退後の彼は、まるでハリウッドスターのような生活を送っています。
은퇴 후의 그는 마치 헐리우드스타와 같은 생활을 하고 있습니다.

056 □ 自分の間違いを認め潔く責任をとるべきだ。
자신의 잘못을 인정하고 깨끗하게 책임을 져야 한다.

057 □ 田中さんは木村さんより背が高いです。
다나카 씨는 기무라 씨보다 키가 큽니다.

058 □ 税金を払う者にとって税金は少ないほうがいいだろう。
세금을 내는 사람에게 있어서 세금은 적은 편이 좋을 것이다.

059 □ 財布を教室に置いたまま、席を離れないでください。
지갑을 교실에 놓아 둔 채 자리를 뜨지 마세요.

060 ☐	ぞうきんで拭く	걸레로 닦다
061 ☐	タバコを吸う	담배를 피우다
062 ☐	単価を下げる	단가를 내리다
063 ☐	父に死なれる	아버지가 돌아가시다
064 ☐	調子が悪い	상태가 안 좋다
065 ☐	直撃を受ける	직격을 받다
066 ☐	疲れがたまる	피로가 쌓이다
067 ☐	疲れがとれる	피로가 풀리다
068 ☐	梅雨が明ける	장마가 끝나다

060 □ ソファーに牛乳をこぼしてしまったので、ぞうきんですぐ拭いた。
소파에 우유를 엎질러서 걸레로 바로 닦았다.

061 □ ここでタバコを吸ってはいけません。
여기서 담배를 피우면 안 됩니다.

062 □ 単価を下げるには、もう少し工程を見直さなければなりません。
단가를 내리기 위해서는 좀 더 공정을 재검토하지 않으면 안 된다.

063 □ 私は先月、父に死なれました。
지난달 저희 아버지가 돌아가셨습니다.

064 □ パソコンの調子が悪いので、なかなか仕事が進みません。
컴퓨터 상태가 좋지 않아서 좀처럼 일이 진척되지 않습니다.

065 □ 九州南部は台風の直撃を受けた。
규슈 남부는 태풍의 직격을 받았다.

066 □ 彼は最近何だか疲れがたまっているみたいです。
그는 최근 왠지 피로가 쌓여 있는 것 같습니다.

067 □ ゆうべはぐっすり眠ったので、疲れがとれた。
어젯밤에는 푹 잤기 때문에 피곤이 풀렸다.

068 □ 先週ようやく梅雨が明けた。
지난주에 마침내 장마가 끝났다.

069 ☐	出来(でき)が悪(わる)い	①작품의 만듦새가 조잡하다 ②학업이나 경기의 성적이 나쁘다
070 ☐	手(て)を焼(や)く	애먹다, 처치 곤란하다
071 ☐	電気(でんき)がつく	전기가 켜지다
072 ☐	電車(でんしゃ)が遅(おく)れる	전철이 늦어지다
073 ☐	電話(でんわ)を借(か)りる	전화를 빌리다
074 ☐	年(とし)を取(と)る	나이를 먹다
075 ☐	トラックが通(とお)る	트럭이 다니다(통과하다)
076 ☐	取(と)りに来(く)る	가지러 오다, 찾으러 오다

069 出来の悪い娘ではありますが、なにとぞよろしくお願いいたします。
성적이 안 좋은 딸입니다만, 부디 잘 부탁드립니다.

070 いたずらっ子に手を焼く。
장난꾸러기 때문에 애먹다.

071 火事やガス漏れを知らせたり、電気がついているかどうか点検したりするのがホームオートメーションの役割だ。
화재나 가스누출을 알리거나, 전기가 켜져 있는지를 점검하는 것이 홈오토메이션의 역할이다.

072 駅は通勤の人であふれている。どうやら事故で電車が遅れているらしい。
역은 통근하는 사람으로 넘쳐나고 있다. 아무래도 사고로 전철이 늦어지는 것 같다.

073 あの、電話を借りてもよろしいでしょうか。
저, 전화 좀 빌려도 될까요?

074 父は年を取ったら、店を子供に任せて、ゆっくり暮らしたいと考えている。
아버지는 나이가 들면, 가게를 자식에게 맡기고, 여유 있게 살고 싶다고 생각하고 있다.

075 この道はトラックが通るから危ないですね。
이 길은 트럭이 다녀서 위험하군요.

076 私がそちらに宅配で送りますから、わざわざ取りに来なくてもいいですよ。
내가 그곳에 택배로 보낼 테니까, 일부러 찾으러 오지 않아도 됩니다.

077 ☐	納得が行かない	납득이 안 되다
078 ☐	日記をつける	일기를 쓰다
079 ☐	値段が高い	값이 비싸다
080 ☐	熱がある	열이 있다
081 ☐	熱が出る	열이 나다
082 ☐	寝坊する	늦잠을 자다
083 ☐	葉書を出す	엽서를 보내다
084 ☐	はっきり答える	분명히 대답하다
085 ☐	花を飾る	꽃을 장식하다(꾸미다)

077 納得の行かない点があったらはっきり言ってください。
납득이 안 가는 점이 있으면 확실히 말해 주세요.

078 今年からまじめに日記をつけることにしました。
올해부터 착실하게 일기를 쓰기로 했습니다.

079 信用のおける銘柄はどれも値段が高い。
신용할 수 있는 브랜드는 어느 것이나 값이 비싸다.

080 風邪を引いて熱があるが、今日は試験だから学校を休むわけにはいかない。
감기에 걸려서 열이 있지만, 오늘은 시험이라서 학교를 쉴 수는 없다.

081 きのう熱が出て学校を休みました。
어제 열이 나서 학교를 쉬었습니다.

082 寝坊して電車に乗り遅れてしまったんです。
늦잠을 자서 전철을 놓쳐버렸습니다.

083 家族に葉書を出しました。
가족에게 엽서를 보냈습니다.

084 イエスかノーか、はっきり答えてください。
예스인지 노인지 분명히 대답하세요.

085 テーブルの上にきれいな花が飾ってあります。
탁자 위에 예쁜 꽃이 놓여 있습니다.

086 ☐	早_{はや}起_おきをする	일찍 일어나다
087 ☐	ヒーターを入_いれる	히터를 넣다(작동시키다)
088 ☐	物議_{ぶつぎ}を醸_{かも}す	물의를 일으키다
089 ☐	帽子_{ぼうし}をかぶる	모자를 쓰다
090 ☐	保険_{ほけん}に入_{はい}る	보험에 들다
091 ☐	ほっとする	한숨 돌리다, 한시름 놓다
092 ☐	真心_{まごころ}をこめる	진심을 담다
093 ☐	マフラーをする	머플러를 하다
094 ☐	身_みにつける	몸에 익히다

086 □ 日曜日の朝に早起きをしたがるサラリーマンなど、めったにいないと思います。
일요일 아침에 일찍 일어나고 싶어 하는 샐러리맨은 좀처럼 없을 거라고 생각해요.

087 □ 寒いからヒーターを入れましょう。
추우니까 히터를 켭시다.

088 □ 彼の発言は労働界に物議を醸した。
그의 발언은 노동계에 물의를 일으켰다.

089 □ 彼はいつも黒い帽子をかぶっています。
그는 언제나 검은 모자를 쓰고 있습니다.

090 □ 万が一盗難にあったときのことを考えて、保険に入っておきました。
만에 하나 도난을 당했을 때를 생각해서 보험에 들어두었습니다.

091 □ 無事に到着してほっとした。
무사히 도착하여 한숨 돌렸다.

092 □ 彼女は真心をこめてその作品を作った。
그녀는 진심을 담아서 그 작품을 만들었다.

093 □ 今日はとても寒いから、ズボンをはいてコートを着てマフラーをして行きなさい。
오늘은 매우 추우니까, 바지를 입고 코트를 입고 머플러를 하고 가요.

094 □ 一度身につけた技術は一生の財産になるものです。
한 번 배워 익힌 기술은 일생의 재산이 되는 법입니다.

095 □	迷惑をかける	폐를 끼치다
096 □	目を覚ます	잠을 깨우다(깨다)
097 □	文句を言う	불평하다
098 □	役に立てる	유용하게 쓰다
099 □	役割を果たす	역할을 하다
100 □	指輪をはめる	반지를 끼다
101 □	様子を見る	상황을 살피다
102 □	余計なことを言う	쓸데없는 소리를 하다

095 ☐ 決して迷惑はかけません。
결코 폐를 끼치지 않겠습니다.

096 ☐ 子供が目を覚まさないように、そっとドアを開けて部屋に入りました。
아이가 잠을 깨지 않도록 살짝 문을 열고 방에 들어갔습니다.

097 ☐ 父は日曜日でも家事はいっさいしないから母はいつもぶつぶつ文句を言っている。
아버지는 일요일에도 집안일은 일체 하지 않으므로 어머니는 언제나 투덜투덜 불평을 하신다.

098 ☐ たいした金額ではありませんが、何かの役に立ててください。
대단한 금액은 아닙니다만, 무언가에 유용하게 써 주십시오.

099 ☐ マスコミの時代といわれる今日、放送は社会的に重要な役割を果たしている。
매스컴의 시대라고 불리는 오늘, 방송은 사회적으로 중요한 역할을 하고 있다.

100 ☐ 彼女はいつも指に指輪をはめています。
그녀는 언제나 손가락에 반지를 끼고 있습니다.

101 ☐ 彼には彼なりのやり方があるのだろうから、しばらくは様子を見てみましょう。
그 사람에게는 그 나름의 방식이 있을 테니까, 잠시 상황을 보도록 합시다.

102 ☐ 一言余計なことを言ったばかりに、その場の雰囲気を壊してしまいました。
한마디 쓸데없는 소리를 해서 그 자리의 분위기를 깨 버렸습니다.

| 103 ☐ | 予想(よそう)にかたくない | 예상하기 어렵지 않다 |

| 104 ☐ | 悪口(わるぐち)を言(い)う | 욕을 하다 |

103 □ この計画を実行するには、多くの困難が伴うことは予想にかたくない。
이 계획이 실행되기 위해서 많은 어려움이 따르는 것은 예상하기 어렵지 않다.

104 □ 人の悪口を言うのはよくないことだ。
다른 사람의 욕을 하는 것은 좋지 않은 일이다.

PART 2

독해 · 문법 · 오문정정 문제에 잘 나오는 기본 숙어② 100

105 ☐	相^{あい}づちを打^うつ	맞장구를 치다
106 ☐	足^{あし}がしびれる	발이 저리다
107 ☐	頭^{あたま}を抱^{かか}える	머리를 싸쥐다, 고민하다
108 ☐	育児^{いくじ}を手伝^{てつだ}う	육아를 돕다
109 ☐	意見^{いけん}が割^われる	의견이 갈라지다
110 ☐	至^{いた}る所^{ところ}	도처에, 가는 곳마다
111 ☐	影響^{えいきょう}が出^でる	영향이 나타나다
112 ☐	影響^{えいきょう}を与^{あた}える	영향을 주다

105 □ 日本人はよく相づちを打つ。
일본인은 자주 맞장구를 친다.

106 □ 長時間正座していたので足がしびれて立てない。
장시간 무릎을 꿇고 앉아 있었기 때문에 다리가 저려 일어설 수 없다.

107 □ 工場を経営している父は、円高のせいで赤字が増えるばかりだと頭を抱えている。
공장을 경영하는 아버지는 엔고 때문에 적자가 늘 뿐이라고 고민하고 있다.

108 □ 母はしばしば私の家を訪れて、息子の育児を手伝ってくれる。
엄마는 가끔 우리 집을 방문하여 아이의 육아를 도와주신다.

109 □ PKOをめぐって、政府内で話し合いが行われたが、意見が大きく二つに割れた。
PKO를 둘러싸고 정부 내에서 논의가 이루어졌으나 의견이 크게 둘로 갈라졌다.

110 □ 街中至る所で声をかけられた。
모든 거리 가는 곳마다 말을 걸어왔다.

111 □ 騒音被害で睡眠不足になり、健康にも深刻な影響が出ている。
소음 피해가 수면부족을 가져오고, 건강에도 심각한 영향이 나타나고 있다.

112 □ テレビの殺人ドラマが子どもたちに悪い影響を与えた。
텔레비전의 살인드라마가 아이들에게 나쁜 영향을 주었다.

113 ☐	大^{おお}いに飲^のむ	실컷 마시다
114 ☐	大台^{おおだい}を割^わり込^こむ	~대에 이르다(「大台^{おおだい}」는 주식에서 100엔을 단위로 하는 가격의 범위)
115 ☐	お越^こしいただく	오시다
116 ☐	思^{おも}い思^{おも}いの	제각각의, 각자의 생각대로
117 ☐	回復^{かいふく}を図^{はか}る	계획을 꾀하다(도모하다)
118 ☐	害^{がい}を及^{およ}ぼす	해를 끼치다
119 ☐	顔^{かお}が火照^{ほて}る	얼굴이 화끈거리다
120 ☐	感情^{かんじょう}に走^{はし}る	감정에 치우치다
121 ☐	期待^{きたい}を裏切^{うらぎ}る	기대를 저버리다
122 ☐	気^きになる	걱정이 되다

113 □ 久しぶりに会ったんだから、今日は大いに飲もう。
오랜만에 만났으니까, 오늘은 실컷 마시자.

114 □ 株価が七百円の大台を割り込んだ。
주가가 7백 엔대 이하로 떨어졌다.

115 □ わざわざ遠いところからお越しいただき恐縮です。
일부러 먼 곳에서 와 주셔서 송구스럽습니다.

116 □ 卒業パーティーでの学生は、思い思いの洋服を着ていた。
졸업파티에서 학생들은 제각각의 양복을 입고 있었다.

117 □ 政府は景気の回復を図ると国民に約束した。
정부는 경기회복을 도모하겠다고 국민에게 약속했다.

118 □ タバコの煙は間接的に人に害を及ぼす。
담배 연기는 간접적으로 다른 사람에게 해를 끼친다.

119 □ あまりの恥ずかしさに顔が火照った。
너무나 부끄러워서 얼굴이 화끈거렸다.

120 □ つい感情に走って、言ってはいけないことを言ってしまった。
그만 감정에 치우쳐 해서는 안 될 말을 해 버렸다.

121 □ 卒業して就職できなくて、両親の期待を裏切った。
졸업하고 취직을 할 수 없어서 부모님의 기대를 저버렸다.

122 □ 家を出た時、電気を消してきたかどうか気になっています。
집에서 나올 때 전기를 끄고 왔는지 어떤지 걱정이 됩니다.

#	表現	意味
123 ☐	距離(きょり)を縮(ちぢ)める	거리를 단축하다
124 ☐	首(くび)を長(なが)くする	학수고대하다(목을 빼고 기다리다)
125 ☐	くよくよする	끙끙 앓다(사소한 일이나 어쩔 수 없는 일을 고민함)
126 ☐	経験(けいけん)に乏(とぼ)しい	경험이 부족하다
127 ☐	結果(けっか)を出(だ)す	결과를 내놓다
128 ☐	原点(げんてん)に立(た)ち戻(もど)る	원점으로 되돌아가다
129 ☐	ご機嫌斜(きげんなな)め	기분이 나쁜 모양
130 ☐	シェアをしめる	시장 점유율을 차지하다
131 ☐	時間(じかん)をつぶす	시간을 보내다(허비하다)

123 □ トップのランナーと早く距離を縮めようと急いだ。
선두주자와 빨리 거리를 좁히려고 서둘렀다.

124 □ 彼女は主人の帰りを首を長くして待った。
그녀는 남편의 귀가를 학수고대하며 기다렸다.

125 □ 過ぎ去ったことをいつまでもくよくよしていても始まらない。
지나간 일을 언제까지나 끙끙 앓아봤자 아무 소용이 없다.

126 □ 彼はまだ若くて経験に乏しい政治家だ。
그는 아직 젊어서 경험이 부족한 정치가다.

127 □ 自分なりに一生懸命やったつもりなのですが、結果は出せませんでした。
나름대로 열심히 했다고 생각했으나 결과는 낼 수 없었습니다.

128 □ 行き詰まった時は、原点に立ち戻って考えよう。
막혔을 때는 원점으로 되돌아가서 생각하자.

129 □ よからぬことでもあったのか、部長は朝からご機嫌斜めだ。
좋지 않은 일이라도 있었는지, 부장님은 아침부터 기분이 나쁘다.

130 □ 山田商事の製品が業界一のシェアをしめている。
야마다 상사 제품이 업계 제일의 시장 점유율을 차지하고 있다.

131 □ 約束まで1時間あったので、パチンコで時間をつぶした。
약속까지 1시간 있었기 때문에, 슬롯머신을 하며 시간을 보냈다.

132 □	しきりに勧める	자꾸만 권하다
133 □	資源が乏しい	자원이 부족하다
134 □	仕事がつかえる	일이 밀리다(지체되다)
135 □	しみじみと感じる	절실히 느끼다
136 □	準備が整う	준비가 다 되다
137 □	乗客でひしめく	승객으로 북적거리다
138 □	情熱を燃やす	정열을 불태우다
139 □	心配をかける	걱정을 끼치다
140 □	スケジュールが立て込む	스케줄이 몇 가지나 밀려있다

132 母がしきりに勧めるので、昨日見合をした。
어머니가 자꾸만 권하는 바람에, 어제 맞선을 봤다.

133 資源が乏しいわが国は、世界中から輸入している。
자원이 부족한 우리나라는 전 세계로부터 수입하고 있다.

134 5時に帰るつもりだったのに、仕事がつかえて10時までかかった。
5시에 돌아갈 예정이었으나, 일이 밀려서 10시까지 걸렸다.

135 古いアルバムを見ながら、流れた月日の長さをしみじみと感じていました。
오래된 앨범을 보면서 흘러간 세월의 길이를 절실히 느꼈습니다.

136 全員で協力したので、早々と会議の準備が整った。
모두가 협력을 했으므로 일찍 회의준비가 갖추어졌다.

137 ラッシュアワーの時間帯は、ホームも電車も大勢の乗客でひしめく。
출근시간대는 홈이며 전철할 것 없이 많은 승객으로 북적인다.

138 仕事に情熱を燃やす。
일에 정열을 불태우다.

139 子どものころ病弱だったので、両親に心配をかけた。
어릴 때 몸이 약해서 부모님께 걱정을 끼쳤다.

140 スケジュールが立て込んで再来週にならないと時間がとれない。
일정이 몇 가지나 밀려있어서 다다음 주가 아니면 시간을 낼 수 없다.

141 ☐	すじがいい	소질이 있다
142 ☐	すっかり片付く	완전히 정리하다
143 ☐	ストレスがたまる	스트레스가 쌓이다
144 ☐	するすると開き出す	(문이) 스르르 열리다
145 ☐	せいにする	탓으로 돌리다
146 ☐	責任を問う	책임을 묻다
147 ☐	席を詰める	자리를 좁히다
148 ☐	そっとしておく	가만히 놔두다
149 ☐	対策を講ずる	대책을 강구하다

141 □ あの子はすじがいいから、きっと優勝するだろう。
그 아이는 소질이 있으니까 틀림없이 우승할 것이다.

142 □ 私が行った時には、部屋はすっかり片付いていました。
내가 갔을 때 방은 완전히 정리되어 있었습니다.

143 □ 仕事ばかりしていると、ストレスがたまる。
일만 하고 있으면 스트레스가 쌓인다.

144 □ 装置に指紋を読みとらせたら、大きな扉がするすると開き出しました。
장치에 지문을 읽게 했더니 큰 문이 스르르 열렸습니다.

145 □ 自分が失敗したことを人のせいにするのはよくない。
자신이 실패한 일을 남의 탓으로 돌리는 것은 좋지 않다.

146 □ 彼の責任は問わなかった。
그의 책임은 묻지 않았다.

147 □ すみません、もう少し席を詰めていただきたいんですが。
미안합니다. 좀 더 자리를 좁혀 주셨으면 하는데요.

148 □ 彼女はとても傷ついているので、今はそっとしておいた方がいいと思います。
그녀는 몹시 마음이 상해 있으므로 지금은 가만 놔두는 것이 좋습니다.

149 □ 防災訓練を強化するなど、災害対策を講ずる必要がある。
방재훈련을 강화하는 등, 재해 대책을 강구할 필요가 있다.

150 ☐	大事（だいじ）に至（いた）る	큰일이 되다
151 ☐	太陽（たいよう）を浴（あ）びる	태양빛을 받다
152 ☐	たちまち売（う）りきれる	순식간에 다 팔리다
153 ☐	チャレンジ精神（せいしん）が欠（か）けている	도전정신이 부족하다
154 ☐	たまものだ	덕분이다, 선물이다
155 ☐	ちょうど当（あ）てはまる	꼭 들어맞다
156 ☐	地（ち）を踏（ふ）む	땅을 밟다
157 ☐	どうかと思（おも）います	별로 마음에 들지 않습니다, 탐탁지 않습니다

150 □ 救急救命士の機敏な処置のおかげで大事には至らなかった。
구급대원의 기민한 대처 덕분에 큰일은 생기지 않았다.

151 □ 真夏の太陽を浴びながら砂浜に寝ころんでいる。
한여름의 태양빛을 받으면서 백사장에 누워 뒹굴고 있다.

152 □ 今日の目玉商品は、開店と同時にたちまち売りきれてしまいました。
오늘의 특가품은 개점과 동시에 금세 다 팔려버렸습니다.

153 □ 今の若者は一般にチャレンジ精神が欠けています。
지금의 젊은 사람들은 일반적으로 도전정신이 부족합니다.

154 □ 先生の教えのたまものと感謝いたします。
선생님의 가르침 덕분이라고 감사하게 생각합니다.

155 □ 私の国の言葉には、この日本語にちょうど当てはまる表現がないんです。
우리나라 말에는, 이 일본어에 딱 들어맞는 표현이 없습니다.

156 □ 私がふたたびこの地を踏むことはないでしょう。
내가 다시 이 땅을 밟는 일은 없겠지요.

157 □ そう簡単に無理だと決めてしまうのはどうかと思いますね。
그렇게 쉽게 무리라고 정해버리는 것은 좋지 않다고 생각합니다.

158 □	投票率が低い (とうひょうりつ ひく)	투표율이 낮다
159 □	ところかまわず	장소를 가리지 않고, 어디든
160 □	日本語を生かす (にほんご い)	일본어를 살리다(활용하다)
161 □	人気が集まる (にんき あつ)	인기가 모이다
162 □	値が張る (ね は)	값이 비싸다
163 □	根はいい (ね)	본성은 착하다
164 □	粘り強い性格 (ねば づよ せいかく)	끈기 있는 성격
165 □	音を上げる (ね あ)	죽는 소리를 하다

158 □ 選挙の投票率が低いのは、国民が政治に満足しているからではなく、政治に関心のない人が多いからである。
선거의 투표율이 낮은 것은, 국민이 정치에 만족하고 있기 때문이 아니라, 정치에 관심이 없는 사람이 많기 때문이다.

159 □ 彼はところかまわず寝てしまう。
그는 어디서든 누워 버린다.

160 □ 私はまだあまり上手じゃありませんが、できれば日本語を生かした仕事をしたいと思っております。
저는 아직 별로 능숙하지는 않지만, 가능하면 일본어를 활용할 수 있는 일을 하고 싶습니다.

161 □ 今年はわりとうすい色の商品に人気が集まっているようです。
금년은 비교적 연한 색 상품에 인기가 집중하는 것 같습니다.

162 □ 高級な品物であるだけに値が張る。
고급 물건인 만큼 값이 비싸다.

163 □ 兄は不親切に見えるが、根はいい人だ。
형은 불친절해 보이지만, 본성은 착한 사람이다.

164 □ 木村さんは粘り強い性格なので最後までやってくれるに違いない。
기무라 씨는 끈기 있는 성격이어서 마지막까지 해 줄 것이 틀림없다.

165 □ あまりの重労働にさすがの兄も音を上げた。
너무나 심한 중노동에 내로라하는 형도 죽는 소리를 했다.

166 □	のどから手が出るほど欲しい	몹시 탐나다
167 □	のどが渇く	목이 마르다
168 □	飲み込みが早い	이해가 빠르다
169 □	歯が立たない	벅차다
170 □	話がくどい	말이 장황하다
171 □	話がつまずく	협상(의논, 교섭)이 실패하다
172 □	日当たりがいい	햇빛이 잘 들다
173 □	日が暮れる	해가 지다, 날이 저물다
174 □	ひざを崩す	편히 앉다

166 のどから手が出るほど欲しかったのですが、とても高くて買えませんでした。
몹시 탐이 났으나 도저히 비싸서 살 수 없었습니다.

167 のどが渇いたから、何か飲みませんか。
목이 마른데 뭔가 마시지 않을래요?

168 彼女は初めてのことなのに飲み込みが早いですね。
그녀는 처음 하는 일인데도 이해가 빠르군요.

169 その仕事、私には歯が立たない。
그 일 나에게는 벅차다.

170 部長は話がくどいのでみんなから敬遠されている。
부장님은 말이 장황하기 때문에 모두가 가까이하려 하지 않는다.

171 金が集まらず、映画制作の話はつまずいた。
돈이 모이지 않아 영화제작에 관한 교섭은 실패했다.

172 この部屋は南向きで日当たりがいいので子供部屋に最適です。
이 방은 남향이어서 햇빛이 잘 들어서 어린이 방으로는 최적입니다.

173 冬は5時過ぎると、もうすっかり日が暮れる。
겨울은 5시를 지나면 이미 완전히 날이 저문다.

174 どうぞ、ひざを崩してお楽になさってください。
아무쪼록 편안히 앉아서 즐겨 주십시오.

175 ☐	暇をつぶす	시간을 보내다
176 ☐	不自由しない	불편하지 않다
177 ☐	振り出しに戻る	원점으로 되돌아가다
178 ☐	ふりをする	체하다
179 ☐	雰囲気が騒がしい	분위가 소란스럽다(뒤숭숭하다)
180 ☐	分別がある	분별(지각)이 있다
181 ☐	平気な顔をする	태연한 표정을 하다
182 ☐	変化に富む	변화가 많다(풍부하다)
183 ☐	方針を立てる	방침을 세우다
184 ☐	放っておく	내버려두다

175 □ 何もすることがないから本でも読んで暇をつぶそう。
아무것도 할 일이 없는데 책이라도 읽으면서 시간을 보내야지.

176 □ 語学に自信があるから、海外での生活には不自由しないと思う。
어학에 자신이 있기 때문에, 해외에서의 생활에는 불편하지 않다고 생각한다.

177 □ 交渉は振り出しに戻って考えることにした。
교섭은 원점으로 되돌아가 생각하기로 했다.

178 □ 目の前で人が倒れたのに、見て見ぬふりをする人がいます。
눈 앞에서 사람이 넘어졌는데도, 못 본 체하는 사람이 있습니다.

179 □ 彼がいると教室の雰囲気がいつも騒がしくなる。
그가 있으면 교실 분위기가 항상 소란해진다.

180 □ 分別のある行動をとるべきだ。
분별 있는 행동을 취해야 한다.

181 □ 彼は何を言われても平気な顔をしていた。
그는 무슨 말을 들어도 태연한 표정을 하고 있었다.

182 □ 日本は四季の変化に富んでいる。
일본은 사계절의 변화가 풍부하다.

183 □ その企業は画期的な方針を立てた。
그 기업은 획기적인 방침을 세웠다.

184 □ あんな有能な人物を放っておくのはもったいない。
그런 유능한 인물을 내버려 두는 것은 아깝다.

185 ☐	放(ほう)っておけない	방치할 수 없다, 내버려둘 수 없다
186 ☐	ぼろぼろになる	너덜너덜해지다
187 ☐	まんざらでもない	①그다지 나쁘지 않다 ②그다지 싫지 않다
188 ☐	水(みず)に流(なが)す	물에 흘려버리다, 없었던 일로 하다
189 ☐	見通(みとお)しがいい	멀리까지 잘 보이다
190 ☐	見舞(みま)いに行(い)く	병문안을 가다
191 ☐	耳(みみ)に障(さわ)る	귀에 거슬리다
192 ☐	無口(むくち)になる	말수가 적어지다

185 □ 彼女は何をしでかすか分からないので心配で放っておけない。
(※しでかす 저지르다)
그녀는 무슨 일을 저지를지 모르기 때문에 걱정이 되어 내버려둘 수 없다.

186 □ この財布は8年も使ってぼろぼろになってしまった。
이 지갑은 8년이나 써서 너덜너덜해졌다.

187 □ 新しいネクタイを女子社員にほめられて、部長はまんざらでもない様子でした。
새로 한 넥타이를 여사원에게 칭찬받고 부장은 그다지 싫지 않은 모습이었습니다.

188 □ 済んでしまったことは水に流そう。
끝나 버린 일은 없었던 일로 하자.

189 □ 見通しのいい道路を運転中、対向車が急にセンターラインを越えてきた。
앞이 탁 트인 도로를 운전하던 중, 마주 달려오던 차가 갑자기 중앙선을 넘어왔다.

190 □ 事故で入院した友だちのお見舞いに行ったら案外元気だったので安心した。
사고로 입원한 친구의 병문안을 갔더니 의외로 건강해서 안심했다.

191 □ その話はちょっと耳に障ります。
그 이야기는 약간 귀에 거슬립니다.

192 □ 彼は事件の核心に触れると急に無口になった。
그는 사건의 핵심을 언급하자 갑자기 말수가 적어졌다.

193 ☐	胸を膨らます	가슴을 부풀게 하다
194 ☐	命運がかかる	운명이 달리다(걸리다)
195 ☐	名簿に載る	명단(명부)에 실리다
196 ☐	目が回るほど忙しい	눈이 돌아갈 정도로 바쁘다
197 ☐	目にする	보다
198 ☐	めまいがする	현기증이 나다
199 ☐	猛威を振るう	맹위를 떨치다
200 ☐	問題を抱える	문제를 떠맡다
201 ☐	約束を破る	약속을 어기다

193 □ 来年からの日本での新しい生活に、期待に胸を膨らましている。
내년부터의 일본에서의 새로운 생활에 대한 기대에 가슴이 부풀어있다.

194 □ わが社の命運がかかった事業ですから、かならず成功させてみせます。
우리 회사의 운명이 걸린 사업이므로 반드시 성공해 보이겠습니다.

195 □ 会議の主な参加者はこの名簿に載っています。
회의의 주요 참가자는 이 명단에 실려 있습니다.

196 □ 去年は長男の結婚に次女の出産が重なって、目が回るほど忙しかった。
작년은 장남의 결혼에 차녀의 출산이 겹쳐져서, 눈이 돌아갈 정도로 바빴다.

197 □ 富士山の美しさは、一度目にしたら忘れられない。
후지산의 아름다움은 한번 보면 잊을 수 없다.

198 □ 仕事でとても疲れて、時々めまいがするほどでした。
업무로 몹시 피곤하여 현기증이 날 정도였습니다.

199 □ 台風が猛威を振るっている。
태풍이 맹위를 떨치고 있다.

200 □ 今、世界の国々は、様々な問題を抱えています。
지금 세계 여러 나라는 갖가지 문제를 안고 있습니다.

201 □ 約束を平気で破るような人とは友だちになりたくない。
약속을 아무렇지도 않게 어기는 사람과는 친구가 되고 싶지 않다.

202 ☐	やりがいがある	보람이 있다
203 ☐	融通(ゆうずう)がきかない	융통성이 없다
204 ☐	雪(ゆき)が舞(ま)う	눈이 흩날리다

202 今度の仕事はすればするほどやりがいがあっていい。
이번 일은 하면 할수록 하는 보람이 있어서 좋다.

203 うちの家内はあまり融通がきかない。
우리 집사람은 별로 융통성이 없다

204 二月に粉雪がぱらぱらと舞うのを楽しみにしていたが、今年はついに降らなかった。
2월에 가루눈이 풀풀 흩날릴 것을 기대했으나 금년에는 결국 내리지 않았다.

PART 3

독해 · 문법 · 오문정정 문제에
잘 나오는 기본 숙어③ 100

205 ☐	～あっての	～가 있기 때문에. 「명사1+あっての+명사2」 형태로 「명사1이 있기 때문에 명사2가 성립하다」고 강조할 때의 표현.
206 ☐	井戸端会議(いどばたかいぎ)	우물가의 쑥덕공론, 주부들의 잡담
207 ☐	命の綱(いのちのつな)	생명줄(단 하나의 의지할 곳)
208 ☐	意表を突く(いひょうをつく)	의표를 찌르다(허를 찌르다)
209 ☐	芋づる式(いもづるしき)	연쇄적, 연속적
210 ☐	芋を洗うよう(いもをあらうよう)	콩나물시루 같음, 많은 사람이 모여 북적 거리는 모양
211 ☐	嫌気がさす(いやけがさす)	싫증이 나다

205 □ 私たちはお客さまあっての仕事ですから、お客さまを何より大切にしています。
우리들은 손님이 있기 때문에 존재하는 일이므로 손님을 무엇보다 소중하게 여기고 있습니다.

206 □ マンションの入り口で、奥さんたちが井戸端会議をしている。
맨션 입구에서 부인들이 모여 잡담을 주고받고 있다.

207 □ 援助物資を命の綱としている難民が世界にはたくさんいる。
원조물자를 생명줄로 믿고 의지하는 난민이 세계에는 많이 있다.

208 □ 相手の意表を突く質問をよくする。
상대의 의표를 찌르는 질문을 자주 한다.

209 □ 芋づる式に犯人を検挙した。
줄줄이 범인을 검거했다.

210 □ 海水浴場は芋を洗うような人出だ。
해수욕장은 많은 사람으로 혼잡스럽기 이를 데 없다.

211 □ テニスを習っているがなかなかうまくならなくて嫌気がさしてきた。
테니스를 배우고 있으나 좀처럼 잘 안 되어 싫증이 났다.

212 ☐	〜上(うえ)で	우선 〜한 후에
213 ☐	うだつが上(あ)がらない	늘 눌려있어 역경에서 헤어나지 못하다, 출세하지 못하다
214 ☐	内側(うちがわ)に下(さ)がる	안쪽으로 물러서다(내려가다)
215 ☐	うり二(ふた)つ	쏙 빼닮음(うり:참외)
216 ☐	大船(おおぶね)に乗(の)ったよう	큰 배에 탄 것 같은(아주 든든해 안심하는 모양)
217 ☐	お金(かね)を下(お)ろす	돈을 찾다(인출하다)
218 ☐	お越(こ)しになる	오시다
219 ☐	お鉢(はち)が回(まわ)る	순번이 돌아오다

212 □ 熟慮の上での決定ですから、これ以上変更の余地はありません。
숙고하고서 내린 결정이므로, 이 이상 변경의 여지는 없습니다.

213 □ 勤めはじめてずいぶん経ったが、一向にうだつが上がらない。
근무하기 시작한지 상당히 지났으나, 도무지 출세할 가능성이 없다.

214 □ まもなく3番線に電車がまいります。白線の内側に下がってお待ちください。
곧이어 3번 선으로 전차가 들어오겠습니다. 흰 선 안으로 물러나 기다리십시오.

215 □ 双子なので、いつもうり二つだと言われる。
쌍둥이여서 언제나 쏙 빼닮았다는 말을 듣는다.

216 □ 手術してくれるのは有名な先生なので大船に乗ったような気持ちで安心している。
수술을 해 주는 것은 유명한 선생님이므로 큰 배에 탄 것 같은 기분으로 안심하고 있다.

217 □ 銀行のキャッシュカードで、お金を下ろした。
은행 현금카드로 돈을 찾았다.

218 □ 会長がお越しになりました。
회장님이 오셨습니다.

219 □ 今度は父の所に、仲裁役のお鉢が回ってきた。
이번에는 아버지에게 중재 역할을 하는 차례가 돌아왔다.

220 □	お目にかかる	뵙다(만나다)
221 □	お目にかける	보여드리다(보이다)
222 □	思いも掛けない	생각지도 않다, 뜻밖이다
223 □	折り返し	전화를 받은 쪽에서 다시 전화를 함
224 □	難くない	어렵지 않다
225 □	ガムを噛む	껌을 씹다
226 □	軌道に乗る	궤도에 오르다
227 □	気を揉む	애태우다, 마음을 졸이다
228 □	桁が違う	수준이 다르다
229 □	喧嘩を買う	①걸어온 싸움에 응대하다 ②남의 싸움을 떠맡다

220 □ またお目にかかることができる日を、楽しみにしております。
또 뵙게 될 날을 기대하고 있습니다.

221 □ 明日は先生に私の描いた絵をお目にかけるつもりです。
내일은 선생님께 내가 그린 그림을 보여드릴 작정입니다.

222 □ 思いも掛けない火山の噴火で住民は住む家を失った。
생각지도 않은 화산 분화로 주민은 살 집을 잃었다.

223 □ 至急確かめて、折り返しお電話いたします。
서둘러 확인해서 다시 전화드리겠습니다.

224 □ 彼の狙いがどこにあるかは想像にかたくない。
그가 노리는 바가 어디에 있는지는 상상하기 어렵지 않다.

225 □ 禁煙をしているので、たばこを吸うかわりにガムを噛みます。
금연을 하고 있으므로 담배를 피우는 대신에 껌을 씹습니다.

226 □ 新しい計画が軌道に乗った。
새로운 계획이 궤도에 올랐다.

227 □ 試験の結果がまだ来ないので、気を揉んでいます。
시험 결과가 아직 안 와서 애태우고 있습니다.

228 □ 選手だっただけに、母のテニスの腕前は、私とは桁が違う。
선수였던 만큼 어머니의 테니스 실력은 나와 단수가 다르다.

229 □ 仕方なく売られた喧嘩を買う時もある。
하는 수 없이 걸어온 싸움에 응할 때도 있다.

230 □	声を掛ける	①말을 걸다 ②권하다
231 □	事によると	어쩌면, 경우에 따라서는
232 □	ごまをする	아부하다, 아첨하다
233 □	左右する	좌우하다
234 □	～じゃなくて	～가 아니라
235 □	～(さ)せてください	～하게 해 주세요
236 □	ざらざら	까칠까칠, 까슬까슬 (표면이나 만진 느낌이 울퉁불퉁하여 부드럽지 않은 모양)
237 □	姿勢を正す	자세를 바르게 하다
238 □	～せいで	～탓에

230 □ つりに行かないかと声を掛けられた。
낚시하러 가지 않겠냐는 권유를 받았다.

231 □ 事によると冬休みに遊びに行くかも知れない。
어쩌면 겨울방학에 놀러 갈지도 모른다.

232 □ 彼はいつも先生にごまをすって、自分を売り込もうとしている。
그는 언제나 선생님에게 아첨을 해서, 자신을 잘 보이려고 하고 있다.

233 □ 為替相場の動向は、時として経済を大きく左右する。
환시세 동향은 때론 경제를 크게 좌우한다.

234 □ パソコンの問題じゃなくて、サーバーの問題らしいです。
PC문제가 아니라 서버 문제인 것 같습니다.

235 □ 今日こそは社長に直接会わせてください。
오늘만은 사장님을 직접 만나게 해 주세요.

236 □ 床が砂でざらざらとしている。
마루가 모래로 까칠까칠하다.

237 □ 賄賂をもらうような政治家は、もっと姿勢を正す必要がある。
받는 식의 정치가는 좀 더 자세를 바르게 할 필요가 있다.

238 □ 物事に集中できないせいで、仕事や勉強がはかどらないようです。
일에 집중할 수 없는 탓에 업무나 공부가 진척되지 않는 것 같습니다.

239 ☐	詮ずる所(せんずるところ)	요컨대, 결국
240 ☐	その節(せつ)	그때, 그 무렵(주로 과거형에 씀)
241 ☐	台風が来る(たいふうがくる)	태풍이 불다, 태풍이 오다
242 ☐	高々(たかだか)	기껏해야, 고작
243 ☐	～だけに	～인 만큼, ～이기 때문에
244 ☐	～だけあって	～였던 만큼(그만한 값어치를 한다는 의미)
245 ☐	竹を割ったよう(たけをわったよう)	대쪽 같은
246 ☐	立つ瀬がない(たつせがない)	입장이 난처하다
247 ☐	棚に上げる(たなにあげる)	자신에게 불리한 일은 모른 체하다, 문제 삼지 않다
248 ☐	狸寝入り(たぬきねいり)	자는 체함

239 それが出来(でき)なければ仕事(しごと)は詮(せん)ずる所(ところ)失敗(しっぱい)に終(お)わるほかはない。
그것을 할 수 없으면 일은 결국 실패로 끝날 수밖에 없다.

240 その節(せつ)は大変(たいへん)お世話(せわ)になりました。
그때는 정말 신세 많이 졌습니다.

241 旅行中(りょこうちゅう)に台風(たいふう)に来(こ)られて、ほんとうにひどい目(め)にあいました。
여행 중에 태풍이 불어서 정말 혼이 났습니다.

242 出席者(しゅっせきしゃ)は高々(たかだか)30人(にん)ぐらいだろう。
출석자는 기껏해야 30명 정도일 것이다.

243 500年(ごひゃくねん)の歴史(れきし)を持(も)つ町(まち)だけに、建物(たてもの)はみんな古(ふる)くて立派(りっぱ)だ。
500년의 역사를 가진 마을인 만큼, 건물은 모두 오래되고 근사하다.

244 この湖(みずうみ)は高(たか)いところにあるだけあって、水(みず)が冷(つめ)たい。
이 호수는 높은 곳에 있는 만큼, 물이 차갑다.

245 彼(かれ)は竹(たけ)を割(わ)ったような気性(きしょう)の持(も)ち主(ぬし)だ。
그는 대쪽 같은 성격의 소유자이다.

246 何(なん)とか妥協(だきょう)してもらわないと私(わたし)の立(た)つ瀬(せ)がない。
어떻게든 타협을 해주지 않으면 내 입장이 난처하다.

247 自分(じぶん)のことは棚(たな)に上(あ)げて、人(ひと)のせいにする。
자신의 일은 뒷전으로 미루고 남의 탓을 한다.

248 シルバーシートで若(わか)い人(ひと)が狸寝入(たぬきねい)りを決(き)め込(こ)む。
경로석에서 젊은 사람이 자는 척하며 모른 체하다.

249 ☐	～ために	～위해(화자의 의지가 수반된 목적)
250 ☐	～ために	～때문(이유, 원인)
251 ☐	～たりとも	～이라도(예외가 아님을 나타냄)
252 ☐	力を注ぐ	힘을 쏟다
253 ☐	長蛇の列	장사진(길게 이어진 행렬)
254 ☐	鶴の一声	모든 사람을 따르게 하는 권위자의 한마디
255 ☐	手が離せない	일손을 놓을 수가 없다, 하고 있는 일이 있어 다른 일을 할 수 없다
256 ☐	手に汗を握る	손에 땀을 쥐다(긴박하고 긴장감이 넘치는 모습)
257 ☐	手におえない	벅차다

249 ☐ 資金繰りのために、いくつも金融機関を尋ね歩いた。
자금조달을 위해 몇 개의 금융기관을 찾아다녔다.

250 ☐ 梅雨前線が近づいているために、今晩から天気は下り坂になるでしょう。
장마전선이 다가와 있기 때문에 오늘밤부터 날씨는 흐려지겠습니다.

251 ☐ 本番の試験まで、一瞬たりとも無駄にできない。
본격적인 시험까지 일순간이라도 헛되게 할 수 없다.

252 ☐ 女性社員の育成に、もっと力を注ぐべきです。
여성사원 육성에 좀 더 힘을 쏟아야만 합니다.

253 ☐ 人気が高まり、会場の入り口には長蛇の列ができた。
인기가 높아져 회장 입구에는 길게 행렬이 늘어섰다.

254 ☐ 社長の鶴の一声で、もめていた人事に決着がつけられた。
사장님의 권위 있는 한마디에, 분쟁이 있던 인사에 결말이 지어졌다.

255 ☐ 急ぎの仕事が入って手が離せない。
급한 일이 들어와 손을 뗄 수가 없다

256 ☐ 決勝戦は手に汗を握るいい試合でしたね。
결승전은 손에 땀을 쥐는 좋은 시합이었습니다.

257 ☐ 難しい仕事なので、私一人では手におえない。
어려운 일이어서 나 혼자서는 감당하기 힘들다.

258 □	てんてこ舞い	눈코 뜰 새 없음
259 □	頭角を現す	두각을 나타내다
260 □	堂々巡り	개미 쳇바퀴 돌듯 진전이 없음(토론이 제자리 걸음을 함)
261 □	どうのこうの	이러쿵저러쿵
262 □	～とか	～라든가(예를 들 때 쓰는 말)
263 □	～ところを	～하는 것을(장면, 상황, 상태)
264 □	途方に暮れる	어찌할 바를 모르다, 난처하다
265 □	長い目で見る	긴 안목으로 보다
266 □	泣き寝入り	울며 겨자 먹기(순순히 단념함)

258 客を迎える準備で会場はてんてこ舞いの忙しさだ。
손님을 맞이하는 준비로 회장은 눈코 뜰 새 없이 바쁘다.

259 小説家として頭角を現す。
소설가로서 두각을 나타내다.

260 減税案について国会で堂々巡りが続いている。
감세안에 대하여 국회에서 논의가 진전이 없이 계속 제자리걸음을 하고 있다.

261 今さらどうのこうの言っても始まらない。
이제 와서 이러쿵저러쿵 말해도 소용없다.

262 厳重に注意するとか、何らかの処分が必要だ。
엄중하게 주의를 준다던가 하는, 어느 정도 처분이 필요하다.

263 今日はお忙しいところを、わざわざおいでいただきましてありがとうございました。
오늘은 바쁘신 중에도, 일부러 와 주셔서 감사드립니다.

264 電車の切符を落として途方に暮れた。
전차표를 잃어버려 난처했다.

265 長い目で見れば、若いうちの失敗は人生のプラスになる。
긴 안목으로 보면 젊을 때의 실패는 인생의 보탬이 된다.

266 目に余った横暴に泣き寝入りせず立ち向かう。
지나친 횡포에 굴하지 않고 대항하다.

267 □	なまじ(なまじい)	어설픈(어중간한 모양)
268 □	波(なみ)に乗(の)る	시세를 잘 타다
269 □	何(なん)なりと	무엇이든지
270 □	何(なん)にもならない	아무 의미가 없다, 아무 소용이 없다
271 □	二足(にそく)のわらじを履(は)く	양립하기 힘든 직업(입장)을 동시에 가지다, 겸할 수 없는 일을 겸하다(※わらじ: 일본 짚신)
272 □	二(に)の足(あし)を踏(ふ)む	망설이다
273 □	根掘(ねほ)り葉掘(はほ)り	미주알고주알, 꼬치꼬치
274 □	根(ね)も葉(は)もない	근거가 없다
275 □	ばかにならない	무시할 수 없다

267 □ なまじ知っているよりは、まったく知らない方がましです。
어설프게 알고 있는 것보다는 전혀 모르는 것이 낫습니다.

268 □ 事業が景気の波に乗る。
사업이 경기의 흐름을 잘 타다.

269 □ 用事があったら何なりと言ってください。
용무가 있으면 무엇이든지 말해 주세요.

270 □ いくら計画を立てても、実行しなければ何にもならない。
아무리 계획을 세워도 실행하지 않으면 아무 의미가 없다.

271 □ 銀行員と小説家の二足のわらじを履いている。
은행원과 소설가를 겸하고 있다.

272 □ 買おうと思った品物があまりに高いので二の足を踏んだ。
사려고 했던 물건이 너무 비싸서 망설였다.

273 □ 記者が目撃した人に事件のようすを根掘り葉掘り聞いた。
기자가 목격을 한 사람에게 사건의 정황을 꼬치꼬치 캐물었다.

274 □ 根も葉もないうわさが立てられた。
근거 없는 소문이 나돌았다.

275 □ 毎日少しずつの出費でもばかにならない。
매일 조금씩의 경비라도 무시할 수 없다.

276 ☐	話がつく	의논·교섭이 성립하다
277 ☐	腹ごなし	소화촉진
278 ☐	右に出る者が無い	능가할 자가 없다
279 ☐	道が渋滞する	길이 막히다(정체되다)
280 ☐	身に染みる	몸속까지 스며들다, 뼛속까지 스며들다
281 ☐	見るに見かねて	차마 보다 못해
282 ☐	目の毒	보면 해가 되는 것
283 ☐	芽を摘む	싹을 따다(이제부터 성장·발전하려는 것을 망쳐 놓다.)
284 ☐	目を丸くする	놀라서 눈을 휘둥그렇게 뜨다

276 □ 企業誘致の件は、もう話がついています。
기업유치 건은 벌써 이야기가 다 되었습니다.

277 □ 食後の腹ごなしに軽い運動をしましょう。
식후 소화촉진을 위해 가벼운 운동을 합시다.

278 □ 校内では、ピアノの腕前で彼女の右に出る者がない。
교내에서는 피아노 실력으로 그녀를 능가할 자가 없다.

279 □ 急いでいたのでタクシーに乗ったが、道が渋滞していて早く着くどころか遅刻してしまった。
급해서 택시를 탔으나, 길이 막혀 일찍 도착하기는커녕 지각을 해 버렸다.

280 □ 寒さが身に染みる季節になりました。
추위가 몸속 깊이 스며드는 계절이 되었습니다.

281 □ 危ない手つきを見るに見かねて、ついつい手伝ってしまった。
위험한 손놀림을 차마 두고 볼 수 없어 그만 거들고 말았다.

282 □ ブランド好きの私にとって、このショップは目の毒だ。
명품을 좋아하는 나에게 있어, 이 가게는 차라리 안 보는 게 낫다.

283 □ 子どもの創造性の芽を摘むような教え方はいけない。
아이의 창조성을 망쳐놓는 교수방식은 안 된다.

284 □ 信じられないような高い値段に思わず目を丸くする。
믿기지 않는 비싼 가격에 나도 모르게 눈을 휘둥그렇게 뜨다.

285 ☐	面倒くさい （めんどう）	귀찮다
286 ☐	物が分かる （もの　わ）	사리(물정)를 잘 알다
287 ☐	物を言う （もの　い）	도움이 되다, 효과가 있다
288 ☐	約束を違える （やくそく　たが）	약속을 어기다
289 ☐	矢の催促 （や　さいそく）	성화같은 재촉
290 ☐	寄ってたかって （よ）	여럿이 합세하여
291 ☐	余念がない （よねん）	여념이 없다, 열중해 있다
292 ☐	洋の東西を問わず （よう　とうざい　と）	동서양을 막론하고, 전 세계적으로
293 ☐	弱音を吐く （よわね　は）	약한 소리(못난 소리)를 하다

285 □ 大勢で旅行に行く時は、賑やかで楽しい反面、面倒くさいところもある。
여럿이서 여행을 갈 때는 활기차고 즐거운 반면, 귀찮은 면도 있다.

286 □ 頑固ではあるが、物が分からない人ではない。
완고하기는 하지만 사리를 모르는 사람은 아니다.

287 □ 入学試験でも、結局は普段の努力が物を言う。
입학시험에서도 결국은 평소의 노력이 효과가 있다.

288 □ 日曜出勤で、息子と遊園地へ行く約束を違えてしまった。
일요일 출근하는 관계로 아들과 유원지에 가는 약속을 어겨 버렸다.

289 □ 品物を早く届けろと、矢の催促だ。
물건을 빨리 배달하라고 성화같은 재촉이다.

290 □ 僕には皆が寄ってたかって彼一人を苛めているように見えた。
나에게는 모두가 합세하여 그 사람 하나를 괴롭히고 있는 것처럼 보였다.

291 □ 展覧会に出品する絵の制作に、余念がない。
전람회에 출품할 그림 제작에 여념이 없다.

292 □ 洋の東西を問わず人情に変わりはない。
동서양을 막론하고 인정에 차이는 없다.

293 □ 自信がないなどと、はじめから弱音を吐くな。
자신이 없다는 등 처음부터 못난 소리 하지 마라.

294 ☐	夜を明かす	밤을 새우다
295 ☐	烙印を押される	낙인이 찍히다
296 ☐	らちが明かない	결말이 안 나다, 문제가 해결되지 않다
297 ☐	両天秤を掛ける	양다리를 걸치다
298 ☐	レッテルを貼られる	낙인이 찍히다, 딱지가 붙다
299 ☐	若気の至り	젊은 혈기의 소치(탓)
300 ☐	わき目も振らず	한눈도 팔지 않고
301 ☐	綿のように疲れる	녹초가 되다, 기진맥진하다
302 ☐	煩しい手続き	번거로운 절차

294 □ 友だちと話しこんで夜を明かす。
친구와 시간가는 줄도 모르고 밤새 이야기하다.

295 □ 裏切り者の烙印を押される。
배신자라는 낙인이 찍히다.

296 □ 電話のやりとりだけではらちが明かない。(※らち 마장의 울타리)
전화를 주고받는 것만으로는 문제가 해결되지 않는다.

297 □ 両天秤を掛けて、どちらの国とも友好関係を続ける。
(※てんびん 천칭)
양다리를 걸쳐, 어느 나라와도 우호관계를 계속하다.

298 □ 不良のレッテルを貼られてしまった。
불량이라는 낙인이 찍혀 버렸다.

299 □ あの時、友だちと大喧嘩をしたのは若気の至りだった。
그때 친구와 크게 싸운 것은 젊은 혈기 탓이었다.

300 □ 毎日わき目も振らず勉強に励む。
매일 한눈도 팔지 않고 공부에 힘쓰다.

301 □ 長旅のため全身が綿のように疲れる。(※わた 솜)
오랜 여행 때문에 전신이 지칠 대로 지치다.

302 □ 法律を改正して、煩しい手続きを簡単にする。
법률을 개정하여 번거로운 절차를 간단히 하다.

303 □ 詫(わ)びる 사과하다

304 □ 割(わ)れるような拍手(はくしゅ) 떠나갈 듯한 박수

303 理由を話してお詫びすれば、先生はきっと許してくださるでしょう。
이유를 말하고 사과하면, 선생님은 반드시 용서해 주실 거예요.

---

304 演奏が終わると、割れるような拍手が起こった。
연주가 끝나자 떠나갈 듯한 박수가 일었다.

독해·문법·오문정정 문제에 빈번하게 나오는 **어구 300**

STEP2

PART 1

주변 **단어**와 어울려 바로 **정답으로** 연결되는 핵심어구 **100**

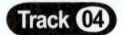

305 ☐	あと	앞으로
306 ☐	あまり	~한 나머지(나쁜 결과가 온다)
307 ☐	あまりの~に	지나친 ~에, 너무~해서(그것이 원인이 되어 일반적이지 않은 결과가 일어남)
308 ☐	生かす	살리다
309 ☐	いかんで	여하에 따라
310 ☐	以上	~한 이상, ~인 이상
311 ☐	一向に	전혀

305 □ あと30分で閉店だそうです。
앞으로 30분만 있으면 폐점이라고 합니다.

306 □ 今のオリンピックは勝ち負けを気にするあまり、スポーツマンシップという大切なものをなくしているのではないか。
지금의 올림픽은 승부를 신경 쓰는 나머지 스포츠맨십이라는 소중한 것을 잃어버린 것은 아닐까?

307 □ 父はデジタルカメラの講習を受けに行ったが、あまりの難しさにびっくりしたようだ。
아버지는 디지털카메라 강습을 받으러 갔으나 너무 어려워 깜짝 놀란 것 같다.

308 □ 新しい仕事に経験を生かす。
새로운 일에 경험을 발휘하다.

309 □ 当日の体調いかんでその会に出席するかどうか決めたい。
당일 몸 상태 여하에 따라 그 모임에 출석할지 여부를 결정하고 싶다.

310 □ パーティーへ行くと約束した以上、行かないわけにはいかない。
파티에 간다고 약속한 이상, 가지 않을 수 없다.

311 □ 事件が発覚してから数ヵ月も経ったのに、真相は一向に究明されない。
사건이 발각된지 수 개월이 지났는데도 진상은 조금도 규명되지 않았다.

312 ☐	承る（うけたまわ る）	삼가 듣다, 받다(승낙하다)(「聞く」「引き受ける」의 겸양어)
313 ☐	うとうと	꾸벅꾸벅(깜빡 깜빡 조는 모양)
314 ☐	敬う（うやま う）	공경하다, 존경하다
315 ☐	売り上げが落ちる（う あ お）	매출이 떨어지다
316 ☐	延期（えんき）	연기
317 ☐	応援（おうえん）	응원(어려운 사람을 격려하고 돕는 것)
318 ☐	横着（おうちゃく）	명)태만함, 빤들거림 형)① 뻔뻔스러움, 교활함 ② 무례함
319 ☐	大手（おお て）	양팔을 크게 앞뒤로 흔듦
320 ☐	送る（おく る）	보내다, 물건 따위를 부치다

312 □ ご依頼の件、確かに承りました。
의뢰하신 건은 틀림없이 거행하겠습니다.

313 □ ぽかぽか暖かいので、ついうとうとと居眠りをしてしまった。
훈훈하게 따뜻했으므로 그만 꾸벅꾸벅 졸고 말았다.

314 □ このごろの学生は、先生を敬っていない。
요즘 학생은 선생님을 존경하고 있지 않다.

315 □ 駅前にスーパーができて、売り上げが落ちた。
역 앞에 슈퍼가 생겨, 매출이 떨어졌다.

316 □ シリーズ最新作は、制作の遅れから、発売が2ヶ月延期された。
시리즈 최신작은 제작이 늦어져서 발매가 2개월 연기되었다.

317 □ 手が足りないので応援を頼む。
일손이 부족하여 도움을 부탁하다.

318 □ 横着して人のレポートを書き写した。
게으름을 부려 다른 사람의 리포트를 베꼈다.

319 □ 成績が良かったので大手を振って遊べる。
성적이 좋았기 때문에 활개를 치며 놀고 있다.

320 □ 配達指定日に宅配便を送る。
배달 지정일에 택배를 보내다.

321 ☐	贈る	선사하다, 선물하다
322 ☐	幼なじみ	어렸을 때부터 친한 사이, 소꿉친구
323 ☐	お互いに	서로, 피차
324 ☐	落ちる	떨어지다
325 ☐	怯える	겁을 내다, 벌벌 떨다
326 ☐	覚える	기억하다, 배우다, 느끼다
327 ☐	思いきった	대담한, 과감한
328 ☐	思いきって	큰마음 먹고, 단단히 마음 먹고
329 ☐	思っていたより	생각했던 것보다

321 □ 母の誕生祝いに、バラの花を贈った。
엄마 생일축하선물로 장미꽃을 드렸다.

322 □ 彼とは幼稚園のころからの幼なじみだ。
그와는 어릴 때부터 친한 사이이다.

323 □ お互いに思っていることを正直に話しましょう。
서로 생각하는 것을 정직하게 이야기합시다.

324 □ 足を滑らして階段から落ちる。
다리를 헛디뎌서 계단에서 떨어지다.

325 □ 大地震の恐怖に怯えている。
대지진에 대한 공포로 벌벌 떨고 있다.

326 □ 幼いころのことをよく覚えている。 어릴 때의 일을 잘 기억하고 있다.
深い疲労を覚える。 심한 피로를 느끼다.

327 □ 経営を立て直すには、思いきった改革が必要です。
경영을 재건하기 위해서는 과감한 개혁이 필요합니다.

328 □ なっとうを友達がおいしそうに食べていたので、思い切って食べてみたら、意外においしかった。
낫토를 친구가 맛있게 먹고 있었기 때문에, 큰마음 먹고 먹어 보니, 의외로 맛있었다.

329 □ 思っていたより安かったので予算が余りました。
생각했던 것보다 저렴했기 때문에 예산이 남았습니다.

330 ☐	思(おも)うように	생각처럼
331 ☐	歌手(かしゅ)	가수
332 ☐	滑走路(かっそうろ)	활주로
333 ☐	決(き)まる	결정되다, 정해지다
334 ☐	切(き)れる	없어지다, 성능이 다 되다
335 ☐	区切(くぎ)り	매듭, 단락
336 ☐	黒(くろ)い	검다, 범죄의 혐의가 짙다
337 ☐	契約上(けいやくじょう)	계약상
338 ☐	削(けず)る	깎다
339 ☐	凝(こ)らす	마음·생각을 집중시키다

330 □ 思(おも)うように事業(じぎょう)が進(すす)まないのでいらいらしている。
생각처럼 사업이 진행되지 않아서 초조해하고 있다.

331 □ 彼女(かのじょ)はソプラノ歌手(かしゅ)として有名(ゆうめい)だ。
그녀는 소프라노 가수로서 유명하다.

332 □ 飛行機(ひこうき)が離陸(りりく)するために滑走路(かっそうろ)を走(はし)っている。
비행기가 이륙하기 위해서 활주로를 달리고 있다.

333 □ 9時(くじ)になると決(き)まったように現(あらわ)れた。
9시가 되자 예외 없이 나타났다.

334 □ 廊下(ろうか)の蛍光灯(けいこうとう)がもうすぐ切(き)れそうです。
복도 형광등이 이제 곧 끊어질 것 같습니다.

335 □ 今年(ことし)二十歳(はたち)になるので心(こころ)の区切(くぎ)りをつけようと思(おも)います。
올해 스무 살이 되기 때문에 마음에 매듭을 지으려고 합니다.

336 □ あの政治家(せいじか)には、黒(くろ)い噂(うわさ)が絶(た)えない。
그 정치가에게는 검은 소문이 끊이지 않는다.

337 □ 契約上(けいやくじょう)、どうしても外国(がいこく)へ行(い)かなければなりません。
계약상 아무래도 외국에 가지 않으면 안 된다.

338 □ 明日(あした)使(つか)う色鉛筆(いろえんぴつ)を削(けず)っておく。
내일 사용할 색연필을 깎아놓다.

339 □ 民主党(みんしゅとう)は工夫(くふう)を凝(こ)らして政策(せいさく)をアピールした。
민주당은 골똘히 궁리하여 정책을 어필했다.

340 ☐	さすがに	그렇게는 생각하지만, 그렇기는 하지만
341 ☐	仕事が詰まっている	일이 잔뜩 쌓이다(밀리다)
342 ☐	仕事を求める	일을 구하다
343 ☐	占める	차지하다
344 ☐	条件をのむ	조건을 받아들이다
345 ☐	詳細	상세
346 ☐	情緒	정서, 정취
347 ☐	少しずつ	조금씩
348 ☐	すやすや	새근새근, 색색

340 　頭のいい彼でも、さすがに1ヶ月の勉強期間では合格できなかったようです。
머리가 좋은 그도 정말이지 1개월 공부기간으로는 합격할 수 없었던 것 같습니다.

341 　仕事が詰まっているので日曜も出社しなければならない。
일이 잔뜩 밀려서 일요일에도 출근하지 않으면 안 된다.

342 　仕事を求めて、職業紹介所に行った。
일을 구하려고 직업소개소에 갔다.

343 　女性が出席者の80%を占めていたので、会場はにぎやかだった。
여성이 출석자의 80%를 차지했기 때문에, 회장은 활기찼다.

344 　取引先が出した条件をのんだ。
거래처가 제시한 조건을 받아들였다.

345 　詳細は追って書面でお伝えいたします。
상세한 것은 추후 서면으로 전해드리겠습니다.

346 　情緒たっぷりに歌う。
정취에 흠뻑 젖어 노래하다.

347 　みんなで少しずつお金を出し合って、足りないところを補った。
모두가 조금씩 돈을 내서 모자란 부분을 채웠다.

348 　子どもがすやすや眠っています。
아이가 새근새근 잠자고 있습니다.

349 ☐	世界(せかい)	세계
350 ☐	そういう	그런
351 ☐	相談(そうだん)に乗(の)る	상담에 응하다
352 ☐	染(そ)める	물들이다, 염색하다
353 ☐	それなり	그 나름, 그런대로
354 ☐	そろそろ	이제 슬슬, 이제 곧(시간이 다 되어가는 모양)
355 ☐	第一(だいいち)	제일, 최고
356 ☐	たいした	이렇다 할
357 ☐	たいして	그다지, 별로

349 趣味をもつことによって新しい世界が開けた。
취미를 가짐으로 해서 새로운 세계가 펼쳐졌다.

350 そういう難しいことは、課長に聞いたって無駄ですよ。
그런 어려운 일은 과장님께 물어도 소용없어요.

351 午後は学生の進学の相談に乗った。
오후에는 학생의 진학 상담에 응했다.

352 髪を黒く染める。
머리를 검게 물들이다.

353 外国で生活していこうと思ったら、それなりの覚悟が必要だ。
외국에서 생활하려면 그 나름의 각오가 필요하다.

354 もうそろそろ独り立ちしてもいい頃だ。
이제 슬슬 자립해도 좋을 때이다.

355 金融機関こそ、私が第一に就職を希望する職場です。
금융기관이야 말로, 내가 가장 취직을 희망하는 직장입니다.

356 たいした宣伝もしなかったのですが、口コミでどんどん売れていきました。
이렇다 할 선전도 하지 않았습니다만, 입소문으로 마구 팔려나갔습니다.

357 たいして広くもない店ですが、売上は相当な額だそうです。
그다지 넓지 않은 가게입니다만, 매상은 상당한 액수라고 합니다.

#	単語	意味
358 ☐	妥当(だとう)	타당함
359 ☐	たまたま	우연히, 때마침(의도, 이유, 근거가 없음)
360 ☐	貯金(ちょきん)	저금
361 ☐	ちょっとした	①대수롭지 않은 ②(역설적 표현)상당한, 괜찮은, 참한
362 ☐	着(つ)く	도착하다
363 ☐	慎(つつし)む	삼가다, 조심하다
364 ☐	謹(つつし)む	삼가다, 조심하다
365 ☐	適切(てきせつ)	적절함
366 ☐	適合(てきごう)	적합, 잘 들어맞음(조건이나 상황에 딱 들어맞음)

358 □ 休職処分が妥当かどうかを判断する。
휴직 처분이 타당한지 여부를 판단하다.

359 □ たまたまそこを通ったので見かけただけです。
우연히 그곳을 지나갔기 때문에 눈에 띄었을 뿐입니다.

360 □ 貯金箱に百円玉を貯金した。
저금통에 100엔짜리 동전을 넣었다.

361 □ 妊娠中は、周囲の人のちょっとした心遣いがうれしいものです。
임신 중에는 주위 사람들의 작은 마음씀씀이가 기쁜 법입니다.

362 □ 電車の事故で遅くなって、うちに着いたのは10時だった。
전차 사고로 늦어져서 집에 도착한 것은 10시였다.

363 □ 人に疑われるような行動は慎みなさい。
남에게 의심받을 만한 행동은 삼가세요.

364 □ 事故を起こしましたことを謹んでお詫び申し上げます。
사고를 일으킨 점을 깊이 사과드립니다.

365 □ その場に応じた適切な処置をとる。
그 상황에 맞는 적절한 조치를 취하다.

366 □ 時代の変化に適合した教育が望ましい。
시대의 변화에 적합한 교육이 바람직하다.

367 ☐	適度(てきど)	적당함, 알맞음(가장 알맞은 정도를 뜻함)
368 ☐	当分(とうぶん)	당분간
369 ☐	ところ	곳, 장소
370 ☐	臭う(におう)	냄새가 나다, 악취가 나다
371 ☐	匂う(におう)	좋은 냄새가 나다, 향기가 나다
372 ☐	二度と(にど と)	두 번 다시
373 ☐	廃棄(はいき)	폐기(구체적인 물건을 처분)
374 ☐	廃止(はいし)	폐지(종래의 법규, 제도를 없앰)
375 ☐	破棄(はき)	파기(불필요한 서류를 처분함)
376	履く(はく)	신다

367 □ 適度な睡眠をとる。
적당한 수면을 취하다.

368 □ 当分、東京にとどまるつもりです。
당분간 도쿄에 머무를 작정입니다.

369 □ 会社はここから十分ほど行ったところにあります。
회사는 여기서 10분 정도 가는 곳에 있습니다.

370 □ ガスが臭うようですが、ちゃんと締めてありますか。
가스 냄새가 나는 듯한데, 잘 잠겨 있습니까?

371 □ この花はいい匂いがしますね。
이 꽃은 좋은 향기가 나네요.

372 □ 彼とはもう二度と顔を会わせたくありません。
그와는 이제 두 번 다시 얼굴을 마주하고 싶지 않습니다.

373 □ 旧式の機械を廃棄する。
구식 기계를 폐기하다.

374 □ 消費税を廃止する。
소비세를 폐지하다.

375 □ 不平等条約を破棄する。
불평등 조약을 파기하다.

376 □ 靴を履いたまま入ってはいけません。
구두를 신은 채 들어오면 안 됩니다.

377 ☐	初(はじ)めて	처음(첫경험)
378 ☐	初(はじ)めに	처음, 먼저(순서)
379 ☐	畑(はたけ)	전문 분야(영역)
380 ☐	額(ひたい)	이마
381 ☐	風情(ふぜい)	풍경, 풍취
382 ☐	冬将軍(ふゆしょうぐん)	동장군(혹한을 뜻함)
383 ☐	閉鎖的(へいさてき)	폐쇄적 ↔ 「開放的(かいほうてき)」 (개방적)
384 ☐	返済(へんさい)	변제(빌린 돈을 갚는다는 뜻)
385 ☐	返却(へんきゃく)	반환(빌린 물건 따위를 되돌려준다는 뜻)
386 ☐	返還(へんかん)	반환(토지, 법적 권리나 소유 따위를 원래 주인에게 돌려준다는 뜻)

377 初めてヨーロッパを訪れたのは20年も前のことだ。
처음 유럽을 방문한 것은 벌써 20년이나 전의 일이다.

378 まず初めに国語を勉強します。
우선 먼저 국어를 공부하겠습니다.

379 入社以来20年、ずっと技術畑を歩んできました。
입사 이래 20년, 쭉 기술 분야의 길을 걸어왔습니다.

380 額から、大粒の汗が流れる。
이마에서 굵은 땀방울이 흐르다.

381 なかなか風情のある庭として知られています。
꽤 정취가 있는 정원으로 알려져 있습니다.

382 かのナポレオンも冬将軍には勝てなかったようです。
그 나폴레옹도 혹독한 추위를 이길 수 없었던 것 같다.

383 日本の市場は閉鎖的だと言われている。
일본의 시장은 폐쇄적이라고들 한다.

384 住宅ローンの返済に追われて家計は火の車だ。
주택 융자금에 대한 상환에 쫓겨 가계는 쪼들리는 상태이다.

385 図書館に本を返却しに行こうと思う。
도서관에 책을 반환하러 갈 생각이다.

386 領土の返還とともに賠償を求める。
영토의 반환과 함께 배상을 요구하다.

387 ☐	返金(へんきん)	돈을 돌려줌(한번 지불되었던 것을 돌려준다는 뜻)
388 ☐	放棄(ほうき)	포기(권리, 책임 등을 의지적으로 버림)
389 ☐	欲しい(ほしい)	원하다, 갖고 싶다
390 ☐	見通し(みとおし)	전망, 예측
391 ☐	見逃す(みのがす)	보고도 모르다, 못보고 지나치다
392 ☐	見舞われる(みまわれる)	위기, 재난이 닥치다, 당하다
393 ☐	昔ながら(むかしながら)	옛날 그대로
394 ☐	目覚ましい(めざましい)	눈부시다
395 ☐	召し上がる(めしあがる)	드시다(「食(た)べる」(먹다) 「飲(の)む」(마시다)의 존경어)

387 □ 期日までに返金するように迫られる。
기일까지 돈을 돌려주도록 재촉 받다.

388 □ リーダーとしての責任を放棄する。
리더로서의 책임을 포기하다.

389 □ A4ファイルが入るくらいのかばんが欲しいのですが。
A4파일이 들어갈 정도의 가방을 원합니다만.

390 □ どうなることか見通しがつかない。
어떻게 될지 예측할 수 없다.

391 □ 絶好のチャンスを見逃す。
절호의 기회를 놓치다.

392 □ 世界経済がかつて経験したことのない不況に見舞われました。
세계경제가 지금껏 겪어보지 않은 불황이 닥쳤습니다.

393 □ これは昔ながらの製法で作られた味噌です。
이것은 옛날 그대로의 제조법으로 만들어진 된장입니다.

394 □ エレクトロニクス部門は目覚ましい発展を遂げた。
전자공학 부문은 눈부신 발전을 이루었다.

395 □ 先生は毎朝パンを召し上がるそうです。
선생님은 매일 아침 빵을 드신다고 합니다.

396 ☐	めったに	좀처럼, 여간해서
397 ☐	もう	①이미, 벌써 ②더, 그 위에 또 ③곧, 머지않아, 이제
398 ☐	模索(もさく)する	모색하다
399 ☐	もたらす	가져오다, 초래하다, 야기하다
400 ☐	雪(ゆき)だるま式(しき)	눈덩이 식으로, 눈덩이처럼
401 ☐	緩(ゆる)い	완만하다, 가파르지 않다
402 ☐	良(よ)し悪(あ)し	좋고 나쁨
403 ☐	立派(りっぱ)	멋짐, 훌륭함, 충분함, 당당함(조건, 자격 등이 충분히 갖춰져 있음)

396 100歳まで生きるということは、めったにあることではない。
100살까지 산다는 것은 여간해서 있을 수 있는 일이 아니다.

397 東京に来てからもう5年になりました。
도쿄에 온 후 벌써 5년이 되었습니다.

切符をもう2枚ください。 표를 2장 더 주십시오.

もうすぐ夏休みです。 이제 곧 여름방학입니다.

398 戦争終結の解決策を模索する。
전쟁 종결의 해결책을 모색하다.

399 市職員は地震がもたらした被害を評価するよう求められている。
시 직원은 지진이 가져온 피해를 평가하도록 요구받고 있다.

400 雪だるま式に借金は増えた。
눈덩이처럼 빚은 늘었다.

401 勾配の緩い坂道を登る。
경사면이 완만한 언덕길을 오르다.

402 外見の良し悪しよりも人格が人間の価値を決める。
외관의 좋고 나쁨보다도 인격이 인간의 가치를 정한다.

403 君も立派な大人になったのだから、自分で決めなさい。
너도 당당한 어른이 되었으니 스스로 결정하거라.

PART 2

의미단위로 외워서 바로바로 득점을 올리는 숙어 100

404 ☐	相次ぐ (あいつぐ)	잇따르다
405 ☐	相まって (あいまって)	어울려서, ~와 더불어(함께)
406 ☐	悪しからず (あしからず)	(나쁘게 생각마시고) 아무쪼록, 부디, 잘
407 ☐	値する (あたいする)	그렇게 할 만한 가치가 있다
408 ☐	頭打ち (あたまうち)	한계, 정점
409 ☐	争えない (あらそえない) (争われない) (あらそわれない)	숨길래야 숨길 수 없다, 어쩔 수 없다, 부정할 수 없다
410 ☐	あり余る (あまる)	남아돌다
411 ☐	案外 (あんがい)	생각과는 달리, 예상 외로 ↔ 「案の定(あんじょう)」: 예상대로, 아니나 다를까

404 □ 猛暑の中、各地で水の事故が相次いでいる。
심한 더위 가운데, 각지에서 물놀이 사고가 잇따르고 있다.

405 □ 監督と俳優の才能が相まって、楽しい作品になった。
감독과 배우의 재능이 어울려서 즐거운 작품이 되었다.

406 □ 欠席しますが、悪しからずご了承下さい。
불참하게 되었는데 아무쪼록 양해하여 주십시오.

407 □ 国立博物館で現在公開中の展示品は一見に値する。
국립박물관에서 현재 공개중인 전시품은 한 번 볼 만한 가치가 있다.

408 □ 進学率の伸びが頭打ちになっている。
진학률이 더 늘지 않고 한계점에 이르렀다.

409 □ やはり実力の差は争えないものだ。
역시 실력의 차는 숨길래야 숨길 수 없는 것이다.

410 □ 地価の急騰であり余る程の金を手にした人もいます。
땅값의 급등으로 남아돌 정도의 돈을 손에 쥔 사람도 있습니다.

411 □ 難問に見えたが案外簡単に解けた。
어려운 문제로 보였으나 생각과는 달리 간단하게 풀렸다.
案の定、雪が降ってきた。
예상대로 눈이 내렸다.

412	いかんに関(かか)わらず	여하에 관계없이
413	以降(いこう)	이후
414	意識(いしき)の改革(かいかく)	의식개혁
415	板(いた)につく	잘 어울리다, 제격이다
416	いつの間(ま)にか	어느새
417	いらだちを見(み)せる	초조함을 보이다
418	インクがにじむ	잉크가 번지다(스며들다)
419	うっかりする	깜빡하다

412 □ 理由のいかんに関わらず、いったん払い込まれた受講料は返金できないことになっています。
이유여하에 관계없이 일단 지불된 수강료는 반환할 수 없게 되어 있습니다.

413 □ 日本人の仕事についての考え方を調査した結果によると、65歳以降も働く意志がある人は半数近くいることがわかった。
일본인의 일에 대한 사고방식을 조사한 결과에 의하면, 65세 이후에도 일할 의지가 있는 사람이 절반 가까이 되는 것으로 밝혀졌다.

414 □ 新しい時代の波に即して、労働組合は意識の改革が必要だ。
새로운 시대의 물결에 입각하여 노동조합은 의식개혁이 필요하다.

415 □ 入社して1ヶ月たつと新入社員も背広姿が板につく。
입사해서 1개월 지나면 신입사원도 양복 입은 모습이 잘 어울린다.

416 □ 仕事に没頭していたら、いつの間にか事務所には誰もいなくなっていました。
일에 몰두해 있었더니 어느새 사무소에는 아무도 남아있지 않았습니다.

417 □ 経済関係正常化の遅れにいらだちを見せている。
경제관계 정상화의 지연에 초조함을 보이고 있다.

418 □ 水でインクがにじんで読めない。
물로 잉크가 번져 읽을 수 없다.

419 □ うっかりして電車の中にかばんを忘れてしまいました。
깜빡하고 전철 안에 가방을 두고 내렸습니다.

420 ☐	うなぎ上(のぼ)り	(물가, 온도, 지위)가 자꾸 올라가는 것, 급상승(급등)
421 ☐	裏付(うらづ)けがない	증거(뒷받침)가 없다
422 ☐	遠慮深(えんりょぶか)い	조심성이 많다
423 ☐	遠慮会釈(えんりょえしゃく)もない	아무 거리낌도 없이 자기 생각대로 하다
424 ☐	大(おお)がかり	(규모, 계획 따위가)대규모임, 대대적임
425 ☐	多(おお)くの人(ひと)	많은 사람
426 ☐	お願(ねが)いする	부탁하다
427 ☐	思(おも)いきや	~라 생각했더니
428 ☐	思(おも)いもよらない	생각조차 할 수 없는, 전혀 예상할 수 없는

420 今年の夏の暑さは記録的で、気温がうなぎ上りに上がる。
금년 여름의 더위는 기록적이어서, 기온이 자꾸만 올라간다.

421 それを証明する裏付けがないかぎり、信じられない。
그것을 증명할 증거가 없는 한 믿을 수 없다.

422 遠慮深い人なのでなかなか冒険をしようとはしない。
조심성이 많은 사람이어서 좀처럼 모험을 하려 하지 않는다.

423 遠慮会釈もなく友だちの家へ入り込み、大騒ぎをして遊ぶ。
거리낌 없이 친구 집에 들어가 큰 소란을 피우며 놀다.

424 彼は明日予定されている大がかりなプレゼンテーションの準備をしている。
그는 내일 예정되어 있는 대대적인 프레젠테이션을 준비하고 있다.

425 欠員だったその職に応募するために、多くの人が早々と姿を見せた。
결원이었던 그 직업에 응모하기 위해, 많은 사람들이 서둘러 모습을 드러냈다.

426 私にはできそうにもないので、課長にお願いすることにしました。
내가 할 수 있을 것 같지 않아서 과장님께 부탁하기로 했습니다.

427 今日は雨だと思いきや、朝起きたらいい天気だった。
오늘은 비가 올 거라고 생각했더니, 아침에 일어나니 날씨가 좋았다.

428 思いもよらない事故の発生に関係者は青くなった。
전혀 예상치도 않은 사고 발생에 관계자는 창백해졌다.

429 ☐	思(おも)いをはせる	먼 곳에 있는 것을 생각하다
430 ☐	終(お)わりを告(つ)げる	마지막을 알리다
431 ☐	会社(かいしゃ)がつぶれる	회사가 망하다
432 ☐	回復(かいふく)の兆(きざ)し	회복의 징조(조짐)
433 ☐	顔見知(かおみし)り	아는 사이
434 ☐	格差(かくさ)が著(いちじる)しい	격차가 현저하다(두드러지다)
435 ☐	かくたる証拠(しょうこ)	확실한 증거
436 ☐	掛替(かけが)えのない	둘도 없는, 매우 소중한

429 □ 古いアルバムをめくり、撮影した当時に思いをはせては、やや感傷的な気分にひたることがある。
옛 앨범을 넘기며 촬영했던 당시를 생각하면, 좀 감상적인 기분에 잠기는 경우가 있다.

430 □ あの会社との取引もこれで終わりを告げたような気がする。
그 회사와의 거래도 이것으로 끝난 것 같은 기분이 든다.

431 □ 債務の返済がうまくいかず、会社がつぶれた。
채무 변제가 잘 안되어 회사가 망했다.

432 □ 作年末以来、下落を続けている株価は、今年になっても一向に回復の兆しが見えません。
작년 말 이래 하락을 계속하던 주가는 금년이 되어도 도무지 회복의 조짐이 보이지 않습니다.

433 □ あの人は友人ではなく単なる顔見知りだ。
저 사람은 친구가 아니라 그냥 조금 알고 지내는 사이다.

434 □ 先進国との技術格差が著しい。
선진국과의 기술 격차가 현저하다.

435 □ 警察では、かくたる証拠もないまま逮捕に踏み切ってしまったようです。
경찰에서는 확실한 증거도 없이 체포를 단행해 버린 것 같습니다.

436 □ 私にとって掛替えのないのは友だちである。
나에게 있어 둘도 없는 것은 친구이다.

437 ☐	微(かす)かに聞(き)こえる	희미하게 들리다
438 ☐	皮切(かわき)り	최초, 일의 시작
439 ☐	気(き)が咎(とが)める	마음이 편치 못하다
440 ☐	ぎこちない手(て)つき	서투른 손놀림
441 ☐	兆(きざ)し	징조, 조짐
442 ☐	切(き)っても切(き)れない	끊을래야 끊을 수 없다
443 ☐	気(き)の毒(どく)	가엾음
444 ☐	きらいがある	~(한) 경향이 있다
445 ☐	極(きわ)めて珍(めずら)しい	매우 진귀하다(희귀하다)

437 波の音が微かに聞こえる。
파도 소리가 희미하게 들린다.

438 その商品の成功を皮切りに、次々とヒット商品が生まれた。
그 상품의 성공을 시작으로 하여 계속 히트상품이 태어났다.

439 老いた両親に小遣いをもらうのは気が咎める。
나이든 부모에게 용돈을 받는 것은 마음이 편치 못하다.

440 新米の美容師はぎこちない手つきで私の髪をカットした。
신참 미용사는 서투른 손놀림으로 내 머리를 잘랐다.

441 雪も溶けて春の兆しが現れた。
눈도 녹고 봄기운이 나타났다.

442 昔から人間と自然は切っても切れない関係である。
옛부터 인간과 자연은 끊을래야 끊을 수 없는 관계이다.

443 入学が決まってあんなに喜んでいたのに、急に病気になるなんて本当にお気の毒です。
입학이 결정되고 그렇게 기뻐했었는데, 갑자기 병이 나다니 정말로 안되었습니다.

444 彼はすぐ感情を顔に出すきらいがある。
그는 금방 감정을 얼굴에 드러내는 경향이 있다.

445 今回発見された遺物は、世界的にも極めて珍しいものです。
이번에 발견된 유물은 세계적으로도 극히 진귀한 것입니다.

446 □	くれぐれもよろしく	아무쪼록 잘 부탁합니다
447 □	結論から先にいうと	결론부터 먼저 말하면
448 □	けっこう	(생각보다도) 제법, 꽤, 상당히
449 □	険しい表情	험악한 표정
450 □	ご存知です	알고 계십니다
451 □	ごめんだ	이제 싫다, 지겹다
452 □	寒気がする	한기가 들다, 오한이 나다
453 □	舌を巻く	혀를 내두르다(감탄하다)
454 □	始末	(나쁜 결과로서의) 형편, 꼴

446 納期には遅れないよう、くれぐれもよろしくお願いします。
납기에 늦지 않도록 아무쪼록 잘 부탁합니다.

447 結論から先にいうと、大学の受験制度に問題があると思いますね。
결론부터 먼저 말하면, 대학의 수험제도에 문제가 있다고 생각합니다.

448 満員だと思ったが、けっこう席が空いていた。
만원일 거라고 생각했는데 제법 자리가 비어 있었다.

449 先生はその話をすると急に険しい表情に変わった。
선생님은 그 이야기를 하자 갑자기 험한 표정으로 바뀌었다.

450 先生は私が嘘の届けをしたのをご存知です。
선생님은 내가 거짓으로 신고한 것을 알고 계십니다.

451 あいつの面倒はもうごめんだ。
저 녀석을 돌보는 것은 이제 지겹다.

452 ああ、寒気がする。どうやら風邪をひいたようだ。
아, 한기가 든다. 아무래도 감기 든 것 같다.

453 あなたの日本語には舌を巻いたよ。
당신의 일본어에 감탄했어.

454 妻が出張に行く度に、家事の出来ない私は毎日コンビニ弁当を食べている始末だ。
아내가 출장을 갈 때마다 집안일을 못 하는 나는 매일 편의점 도시락을 먹고 있는 형편이다.

455 ☐	死命を制する しめい せい	상대방의 급소를 자기 손에 쥐다, 생사를 좌우하는 급소를 장악하다
456 ☐	社運がかかっている しゃうん	사운이 걸려있다
457 ☐	収拾がつかない しゅうしゅう	수습이 어렵다
458 ☐	衝動買い しょうどう が	충동구매
459 ☐	せいか	～탓인지
460 ☐	だいたいの流れ なが	대략의 흐름(순서)
461 ☐	携わる たずさ	관계하다, 종사하다
462 ☐	漂う ただよ	분위기가 감돌다

455 □ 人材確保が企業の死命を制するとばかりに、大企業は女性と高齢者の活用に積極的に乗り出した。
인재 확보가 기업의 생사를 좌우하는 만큼 대기업은 여성과 고령자 활용에 적극적으로 나섰다.

456 □ このプロジェクトにわが社の社運がかかっています。
이 프로젝트에 우리 회사의 사운이 걸려 있습니다.

457 □ 与野党の勝手な意見ばかりで議会は収拾がつかなくなった。
여야의 제멋대로의 의견뿐이어서 의회는 수습이 어렵게 되었다.

458 □ 彼はそれを買う余裕もないのに、新車を衝動買いした。
그는 그것을 살 여유도 없는데 새 차를 충동구매 했다.

459 □ ひどいことを言われたせいか、彼は今にも泣き出しそうだ。
심한 말을 들은 탓인지, 그 사람은 금방이라도 울어버릴 것 같다.

460 □ だいたいの流れは、あらかじめ決めておいた方がいいと思います。
대략의 흐름은 미리 정해두는 편이 좋다고 생각합니다.

461 □ 最近、金融関係の仕事に携わる人の数が増えた。
최근 금융관계 일에 종사하는 사람 수가 늘었다.

462 □ 和やかな雰囲気が漂う。
온화한 분위기가 감돌다.

463 ☐	たまったものではない	참을 수 없다
464 ☐	使(つか)いこなす	능숙하게 사용하다
465 ☐	手遅(ておく)れになる	이미 때가 늦다, 시기를 놓치다
466 ☐	手取(てと)り足取(あしと)り	친절히 가르치고 이끌어줌
467 ☐	飛(と)ぶように売(う)れる	날개 돋친 듯이 팔리다
468 ☐	ないがしろ	소홀히 함, 경시함
469 ☐	なにかにつけて	무슨 일이 있을 때마다, 툭하면
470 ☐	涙(なみだ)ながらに	눈물을 흘리면서
471 ☐	涙(なみだ)もろい	눈물을 잘 흘리다

463 背中は強く押されるし、足は踏まれるし、朝のラッシュアワーはたまったものではない。
등을 세게 떠밀리고, 다리를 밟히고, 아침 출근길은 도저히 참을 수 없다.

464 このカメラは構造が複雑で使いこなせるようになるまで時間がかかる。
이 카메라는 구조가 복잡하여 자유자재로 사용할 수 있기까지는 시간이 걸린다.

465 すぐ医者に見せれば助かったものを、くずくずしていたために手遅れになってしまった。
바로 의사에게 보였으면 살았을 것을, 우물쭈물하다가 시기를 놓쳤다.

466 手取り足取り付きっきりで教えた。
친절하게 곁에 붙어서 가르쳤다.

467 今、日本ではこの本が飛ぶように売れている。
지금 일본에서는 이 책이 날개 돋친 듯이 팔리고 있다.

468 予防をないがしろにして、急速に広まった。
예방을 소홀히 해서, 급속히 퍼졌다.

469 なにかにつけて、あの人は私を馬鹿にする。
툭하면 저 사람은 나를 무시한다.

470 弟は涙ながらに父に許しを求めた。
남동생은 눈물을 흘리며 아버지에게 용서를 구했다.

471 母は近ごろ涙もろくなった。
어머니는 요즘 눈물을 잘 흘린다.

472 ☐	においがする	냄새가 나다
473 ☐	値段をつりあげる	가격을 끌어올리다
474 ☐	伸びを示す	성장(신장)을 보이다
475 ☐	腹をたてる	화를 내다
476 ☐	反応を示す	반응을 보이다
477 ☐	被害をこうむる	피해를 입다
478 ☐	密かに	몰래, 은밀히
479 ☐	人見知り	낯가림
480 ☐	人見もかまわず	다른 사람을 의식하지 않고

472 □	おいしいコーヒーのにおいがします。
	맛있는 커피 냄새가 납니다.

473 □	都心の土地は、需要が供給を上回り、値段をどんどんつり上げている。
	도심의 토지는 수요가 공급을 웃돌아 가격을 점점 끌어올리고 있다.

474 □	自動車の輸出は円安が追い風となって順調な伸びを示している。
	자동차 수출은 엔저가 순풍이 되어 순조로운 성장을 보이고 있다.

475 □	いつも寛大なあなたらしくないですね。そんなことに腹をたてるとは。
	항상 관대한 당신답지 않군요. 그런 일에 화를 내다니.

476 □	合格を知らされてもまるで反応を示さない。
	합격소식을 들어도 전혀 반응을 보이지 않는다.

477 □	戦争で多くの都市が被害をこうむった。
	전쟁으로 많은 도시가 피해를 입었다.

478 □	両国は密かに接触し、同盟関係を結んだ。
	양국은 비밀리에 접촉하여 동맹관계를 맺었다.

479 □	この子は人見知りが激しい。
	이 아이는 낯가림이 심하다.

480 □	人見もかまわず好きなように振る舞う。
	다른 사람을 의식하지 않고 하고 싶은 대로 행동하다.

481 ☐	節目(ふしめ)の時(とき)	전기(계기)의 시간
482 ☐	朗(ほが)らかな性格(せいかく)	명랑한 성격
483 ☐	本質(ほんしつ)を見極(みきわ)める	본질을 규명(판별)하다
484 ☐	ほんのわずかですが	조금이지만
485 ☐	前(まえ)ぶれ	전조, 조짐
486 ☐	目(め)の当(あ)たりにする	자신의 눈으로 직접 보다
487 ☐	希(まれ)にみる	드물게 보다
488 ☐	見掛(みか)け倒(だお)し	빛 좋은 개살구(겉만 번드르르함)
489 ☐	見窄(みすぼ)らしい身(み)なり	초라한 옷차림

481 去る5月、当社は創立50周年という節目の時を迎えました。
지난 5월 당사는 창립 50주년이라는 전기를 맞이하였습니다.

482 朗らかな性格の彼がなんとなく好きになった。
명랑한 성격의 그 사람이 왠지 좋아졌다.

483 本質を見極めることが肝心だ。
본질을 규명하는 것이 중요하다.

484 今朝の検査結果で、ほんのわずかですが希望の光が見えてきました。
오늘 아침 검사 결과에서 조금이지만 희망의 빛이 보였습니다.

485 台風の前ぶれか、海岸に高い波がおしよせている。
태풍이 올 전조인지, 해안에 높은 파도가 밀려오고 있다.

486 交通事故を目の当たりにした夜は、ショックで眠れなかった。
교통사고를 목격한 날 밤에는 충격으로 잠을 이룰 수가 없었다.

487 彼は希にみる男の中の男だ。
그는 보기 드문 남자 중의 남자다.

488 あのレストランは見掛け倒しで料理の味はひどい。
저 레스토랑은 겉만 그럴듯하고 음식 맛은 형편없다.

489 見窄らしい身なりをした老人がベンチに座っている。
초라한 옷차림을 한 노인이 벤치에 앉아 있다.

490 ☐	身(み)の回(まわ)り	신변(신변의 자질구레한 일들)
491 ☐	目(め)を見張(みは)る	눈이 휘둥그레져 놀라다
492 ☐	もってのほか	당치도 않음, 언어도단
493 ☐	焼(や)きたて	막 구음
494 ☐	躍起(やっき)になる	기를 쓰다, 애를 쓰다
495 ☐	やむをえず	하는 수 없이
496 ☐	指(ゆび)をくわえる	손가락을 입에 물다(탐은 나지만 손을 쓸 수가 없다)
497 ☐	夜(よ)を徹(てっ)する	밤을 새다, 철야하다
498 ☐	予算(よさん)を削(けず)る	예산을 깎다(삭감하다)

490 □ とにかく過保護に育てられたので、身の回りのことも何一つできません。
하여간 과보호로 자랐기 때문에 신변에 관한 일은 무엇 하나 할 줄 모릅니다.

491 □ 景色の美しさに目を見張る。
경치의 아름다움에 눈이 휘둥그레진다.

492 □ 遅刻ならともかく、無断欠勤などもってのほかだ。
지각이라면 또 몰라도 무단결근 같은 것은 당치도 않다.

493 □ このパンは焼きたてでふわふわです。
이 빵은 막 구워서 말랑말랑합니다.

494 □ どの企業も優秀な人材を雇用しようと躍起になっている。
어느 기업이나 우수한 인재를 고용하기 위해 기를 쓰고 있다.

495 □ 不景気が続き、やむをえず計画を変更することにした。
불경기가 계속되어 할 수 없이 계획을 변경하기로 했다.

496 □ 相次ぐ新記録更新を、他の選手たちはただ指をくわえて見ていた。
이어지는 신기록 경신을 다른 선수들은 그저 물끄러미 보고만 있었다.

497 □ 道路工事は夜を徹して行われた。
도로 공사는 철야로 진행되었다.

498 □ 営業不振で予算が削られた。
영업부진으로 예산이 깎였다.

499 ☐	予想を上回る(よそう うわまわる)	예상을 웃돌다
500 ☐	弱る(よわる)	난처하다, 큰일나다
501 ☐	ラッシュを外す(はず)	러시아워를 피하다
502 ☐	輪郭をつかむ(りんかく)	윤곽을 잡다
503 ☐	わけもなく	이유도 없이, 공연히, 까닭 없이

499 入場者は予想をはるかに上回った。
입장객은 예상을 훨씬 웃돌았다.

500 隣席の客がうるさくて弱った。
옆에 있는 손님이 소란스러워서 난처했다.

501 ラッシュを外して出勤しています。
가장 붐비는 교통시간대를 피해 출근하고 있습니다.

502 半年経って、何とか仕事の輪郭がつかめるようになりました。
반년 지나서 그런대로 일의 윤곽을 잡을 수 있게 되었습니다.

503 この音楽を聞くと、わけもなく彼に会いたくなる。
이 음악을 들으면 공연히 그 사람을 만나고 싶어진다.

PART 3

구별이 애매하여 숙어처럼 외워야 효과적인 표현 100

Track 06

504 □	明らかにする	분명하게 밝히다
505 □	足を運ぶ	발길을 옮기다, 몸소 가다
506 □	味が薄い	맛이 연하다(담백하다)
507 □	頭ががんがんする	머리가 띵하다, 욱신욱신하다
508 □	頭がきれる	머리가 좋다
509 □	新しくできる	새로 생기다
510 □	跡を絶たない	끊이지 않다
511 □	あぶ蜂取らず	둘 다 얻으려다 하나도 얻지 못함
512 □	雨が降り出す	비가 내리다

504 □ 会社は秘密の計画を従業員に明らかにした。
회사는 비밀 계획을 직원들에게 밝혔다.

505 □ 私は彼に会いたかったので、何度も彼の家まで足を運んだ。
나는 그를 만나고 싶었기에, 몇 번이나 그의 집까지 발길을 옮겼다.

506 □ 病院では、味が薄い料理ばかり食べさせられていました。
병원에서는 담백한 요리만 먹어야 했습니다.

507 □ 新年会で酒を飲まされ、翌日も二日酔いで頭ががんがんした。
신년회에서 억지로 술을 마셔서, 다음 날도 머리가 욱신욱신했다.

508 □ 彼は頭がきれるから上司に認められている。
그는 머리가 좋아서 상사에게 인정받고 있다.

509 □ この近所に、安くて、おいしいレストランが新しくできました。
이 근처에 싸고 맛있는 레스토랑이 새로 생겼습니다.

510 □ 宗教上の対立に根ざした紛争が跡を絶たない。
종교상의 대립에 기인한 분쟁이 끊이지 않는다.

511 □ 金メダルと新記録を狙ったが、結局あぶ蜂取らずに終わった。
금메달과 신기록을 노렸으나 결국 둘 다 놓쳐 버렸다.

512 □ 分厚く暗い灰色の雲から、今にも雨が降り出しそうだった。
두껍고 어두운 잿빛 구름에서 지금이라도 비가 쏟아질 것 같았다.

513 ☐	予（あらかじ）め準（じゅん）備（び）する	미리 준비하다
514 ☐	粗（あら）く見（み）積（つ）もる	대충 견적을 내다
515 ☐	あらゆる領（りょう）域（いき）	모든 영역
516 ☐	いかんによる	~여하에 달리다
517 ☐	意（い）見（けん）をまとめる	의견을 모으다
518 ☐	意（い）識（しき）を取（と）り戻（もど）す	의식을 되찾다
519 ☐	一（いっ）途（と）を辿（たど）る	일로를 걷다
520 ☐	腕（うで）に覚（おぼ）えがある	솜씨에 자신이 있다
521 ☐	馬（うま）の耳（みみ）に念（ねん）仏（ぶつ）	쇠귀에 경 읽기, 마이동풍
522 ☐	売（う）り上（あ）げが伸（の）びる	매상이 늘다

513 □ すぐ始められるように予め準備しておきましょう。
바로 시작할 수 있도록 미리 준비해 둡시다.

514 □ 粗く見積もってもかなりの金額になる。
대충 견적을 내도 상당한 금액이 된다.

515 □ わが社のこの製品は科学のあらゆる領域で使用されている。
우리 회사의 이 제품은 과학의 모든 영역에서 사용되고 있다.

516 □ この契約の成立はトップ同士の話し合いのいかんによる。
이 계약의 성립은 우두머리끼리의 의논 여하에 달렸다.

517 □ みんなの意見をまとめるというのは、ほんとうに難しい。
모두의 의견을 모으는 것은 정말로 어렵다.

518 □ 彼は手術のあくる日にやっと意識を取り戻しました。
그는 수술 다음날에 겨우 의식을 회복했습니다.

519 □ 女性の喫煙は増加の一途を辿っている。
여성의 흡연율은 증가 일로를 걷고 있다.

520 □ 野球なら、少しは腕に覚えがある。
야구라면 조금은 자신이 있다.

521 □ 彼にはいくら忠告しても馬の耳に念仏だ。
그에게는 아무리 충고해봤자 쇠귀에 경 읽기다.

522 □ 新しいキャンペーンで売り上げが伸びた。
새로운 캠페인으로 매상이 늘었다.

523 ☐	上(うわ)の空(そら)	마음이 들뜸, 건성
524 ☐	影響(えいきょう)を及(およ)ぼす	영향을 끼치다
525 ☐	駅(えき)を出(で)る	역을 나오다(출발하다)
526 ☐	縁(えん)がない	인연이 없다
527 ☐	おいしそうなにおいがする	맛있는 냄새가 나다
528 ☐	お世話(せわ)になる	신세를 지다
529 ☐	お見(み)えになる	오시다 「来(く)る」의 존경어= 「お越(こ)しになる」
530 ☐	お見舞(みま)いに行(い)く	병문안 가다

523 □ 人の注意を上の空で聞いてはいけない。
다른 사람의 주의를 건성으로 들으면 안 된다.

524 □ 原始林の中に、道路を作ることはそこにすむ鳥や動物にも影響を及ぼす。
원시림 안에, 도로를 만드는 것은 거기에 사는 새나 동물에게도 영향을 끼친다.

525 □ 午後9時に東京駅を出ました。
오후 9시에 도쿄 역을 출발했습니다.

526 □ ぜんぜん縁のなかった業界に転職したので、最初は苦労しました。
전혀 인연이 없었던 업계로 전직했기 때문에 처음에는 고생했습니다.

527 □ お弁当のふたを開けたら、おいしそうなにおいがしてきました。
도시락 뚜껑을 열었더니 맛있는 냄새가 났습니다.

528 □ 部長には色々とお世話になりました。
부장님께는 여러모로 신세를 졌습니다.

529 □ 社長が昨日おっしゃった、東洋工業の岡田社長がお見えになりました。
사장님이 어제 말씀하신 동양공업의 오카다사장님이 오셨습니다.

530 □ 同僚が入院して心配しましたが、お見舞いに行ったら意外に元気そうだったので安心しました。
동료가 입원을 해서 걱정했으나 병문안을 가보니 의외로 건강한 것 같아서 안심했습니다.

531 ☐	思(おも)いをする	어떤 느낌을 갖다, 경험을 하다
532 ☐	重(おも)くのしかかる	무겁게 짓누르다(비유적인 표현)
533 ☐	趣(おもむき)がある	정취(멋)가 있다
534 ☐	価値観(かちかん)を覆(くつがえ)す	가치관을 뒤집다
535 ☐	着(き)の身(み)着(き)のまま	입은 채(입은 옷만 달랑 걸친 채)
536 ☐	きまりが悪(わる)い	어쩐지 창피하다, 쑥스럽다
537 ☐	休憩(きゅうけい)を取(と)る	휴식을 취하다
538 ☐	くせがある	(편향된 경향이나 성질)독특함이 있다
539 ☐	口(くち)をはさむ	말참견하다
540 ☐	くまなく探(さが)す	구석구석까지 찾다

531 会議中お腹がぐうぐうなって恥ずかしい思いをした。
회의 중에 배가 꼬르륵 울려서 창피한 경험을 했다.

532 会社の存続の責任が重くのしかかっている。
회사 존속의 책임이 무겁게 짓누르고 있다.

533 ここから眺める夕日は趣がある。
여기에서 바라보는 저녁놀은 멋이 있다.

534 価値観を覆すのは容易なことではない。
가치관을 뒤집는 것은 쉬운 일이 아니다.

535 突然の火事に、着の身着のままでにげ出した。
갑작스런 화재로 입은 옷만 걸친 채 도망쳐 나왔다.

536 みんなが見ている前で叱られて、きまりが悪い。
모두가 보고 있는 데서 야단을 맞아 창피하다.

537 勉強の合間に休憩を取ることは大事でする。
공부하는 짬짬이 휴식을 취하는 것은 중요합니다.

538 このカレーライスはこってりしたくせのある味が特徴です。
이 카레라이스는 진한 독특한 맛이 특징입니다.

539 先生が話しているときに、口をはさんではいけません。
선생님이 말할 때, 끼어들면 안 됩니다.

540 部屋中くまなく探してみましたが、探していた書類は見つかりませんでした。
방안을 샅샅이 찾아보았으나 찾던 서류는 보이지 않습니다.

541 ☐	訓練(くんれん)を受(う)ける	훈련을 받다
542 ☐	経営破綻(けいえいはたん)	경영 파탄
543 ☐	結婚(けっこん)している	결혼했다
544 ☐	決断(けつだん)を下(くだ)す	결단을 내리다
545 ☐	効果(こうか)がある	효과가 있다
546 ☐	航空便(こうくうびん)で送(おく)る	항공편으로 보내다
547 ☐	腰(こし)を据(す)える	①차분하게 일하다 ②앉다
548 ☐	指図(さしず)に従(したが)う	지시에 따르다
549 ☐	時間(じかん)を割(さ)く	시간을 내다
550 ☐	試金石(しきんせき)	시금석

541 彼女は警察官になる訓練を受けている。
그녀는 경찰관이 되는 훈련을 받고 있다.

542 あの会社の経営破綻について新聞で読んだ。
그 회사의 경영 파탄에 대해서 신문에서 읽었다.

543 彼も結婚していたのに私だけ知らなかったんです。
그 사람도 결혼을 했는데, 나만 몰랐습니다.

544 私は仕事を辞めたとき、正しい決断を下したことを確信した。
나는 일을 그만둘 때, 옳은 결정을 내린 것을 확신했다.

545 フレックスタイムの導入は狙い通りの効果があった。
근무시간 자유선택제는 의도한 대로의 효과가 있었다.

546 彼は小包を航空便で送った。
그는 소포를 항공편으로 보냈다.

547 この問題はじっくり腰を据えて考える必要がある。
이 문제는 차분히 생각할 필요가 있다.

548 彼の指図には従わない。
그의 지시에는 따르지 않는다.

549 山川さんは忙しいのに、私を案内するために時間を割いてくれた。
야마카와 씨는 바쁜데도 나를 안내하기 위해 시간을 내 주었다.

550 実力をはかる試金石となったコンクールだった。
실력을 가늠하는 시금석이 된 콩쿠르였다.

551 ☐	試験に受かる	시험에 합격하다
552 ☐	舌の根の乾かぬうち	입에 침이 채 마르기도 전에
553 ☐	失笑する	웃음을 터뜨리다
554 ☐	じっくり考える	차분히 생각하다
555 ☐	じっと見守る	지그시 주시하다
556 ☐	印をする	표시를 하다
557 ☐	筋が通る	조리(논리, 사고)가 통하다
558 ☐	成績を上げる	성적을 얻다(거두다)
559 ☐	世話をする 世話を焼く	돌보다

551 □ 彼が国家試験に受かったことは非常に喜ばしいことだ。
그가 국가시험에 합격한 것은 아주 기쁜 일이다.

552 □ 舌の根の乾かぬうちに約束を撤回した。
입에 침이 채 마르기도 전에 약속을 철회했다.

553 □ 彼の仕種があまりにもおかしくて、つい失笑をしてしまった。
그의 동작이 너무 우스꽝스러워 그만 웃음을 터뜨리고 말았다.

554 □ 定年後の人生について、一度じっくり考えてみようと思います。
정년후의 인생에 대해서 한번 곰곰이 생각해보려고 합니다.

555 □ 彼はだいたいいつも、株式市場の傾向をじっと見守っている。
그는 대체로 언제나, 주식시장의 경향을 주의 깊게 지켜보고 있다.

556 □ 私はカレンダーの日付に印をした。
나는 달력의 날짜에 표시를 했다.

557 □ 彼の文章は筋の通った話とは言えない。
그의 문장은 논리가 통하는 말이라고 할 수 없다.

558 □ 彼は試験でよい成績を上げた。
그는 시험에서 좋은 성적을 올렸다.

559 □ 祖母は頼まれもしない人の世話を焼くのが好きだ。
할머니는 부탁도 받지 않았는데 남을 보살피는 것을 좋아한다.

560 ☐	装備（そうび）を揃（そろ）える	장비를 갖추다
561 ☐	大事（だいじ）なところ	중요한 부분
562 ☐	高（たか）をくくる	깔보다, 우습게 보다
563 ☐	タクシーを拾（ひろ）う	택시를 잡다
564 ☐	立（た）ち入（い）る	안에 들어가다
565 ☐	抽選（ちゅうせん）する	추첨하다
566 ☐	手（て）はずを整（ととの）える	준비가 갖추어지다
567 ☐	どこからともなく	어디라고는 정확히 말할 수 없으나
568 ☐	何（なん）でも揃（そろ）う	무엇이든지 갖추어지다(완비되다)

560 私たちは寒い中を旅行するための装備を揃えるだけの経済的余裕がない。
우리는 추운 곳을 여행하기 위한 장비를 갖출 만큼의 경제적 여유가 없다.

561 大事なところをよく勉強する。
중요한 부분을 주의해서 공부하다.

562 彼も初めはたいしたことではないと高をくくっていた。
그도 처음에는 대단한 일이 아니라고 우습게 보고 있었다.

563 出社時間に遅れないよう、タクシーを拾って行きました。
출근 시간에 늦지 않기 위해, 택시를 타고 갔습니다.

564 研究室に立ち入ってはいけない。
연구실에 들어가면 안 된다.

565 応募多数の場合は抽選で決めます。
응모자가 다수일 경우에는 추첨으로 정하겠습니다.

566 部長は社長に電話して、会議の手はずを整えた。
부장님은 사장님께 전화해서, 회의 준비를 조정했다.

567 どこからともなく変なにおいがしますね。
어디서인지 모르게 이상한 냄새가 나는군요.

568 あの店は私の欲しい物が何でも揃っている。
이 가게는 우리가 필요한 것을 무엇이든지 갖추고 있다.

569 ☐	寝覚めが悪い	(나쁜 짓을 하여) 마음이 개운치 않다
570 ☐	乗り越える	극복하다
571 ☐	拍車をかける	박차를 가하다
572 ☐	旗色が悪い	형세가 불리하다
573 ☐	鉢合わせする	우연히 마주치다
574 ☐	ぱっとしない	눈에 확 띄지 않는다, 신통치 않다
575 ☐	びくともしない	꿈적도 않다
576 ☐	久しぶりに	오랜만에
577 ☐	風潮がはびこる	만연하다
578 ☐	ぶらぶらする	빈둥빈둥 놀다

569 親友と仲たがいをしてしまい、寝覚めが悪い。
친구와 사이가 틀어져 버려 마음이 개운치 않다.

570 危機を乗り越える。
위기를 극복하다.

571 インターネットの出現は情報化社会の発展に拍車をかけた。
인터넷의 출현은 정보화 사회의 발전에 박차를 가했다.

572 エラーがきっかけで試合の流れが変わり、旗色が悪くなった。
실책이 계기가 되어 시합의 흐름이 바뀌고, 형세가 불리해졌다.

573 居酒屋で上司と鉢合わせした。
술집에서 상사와 딱 마주쳤다.

574 営業成績は、去年に比べてあまりぱっとしない。
영업 성적은 작년에 비해 별로 신통치 않다.

575 いくら動かしてもびくともしない。
아무리 움직여도 꿈적도 하지 않는다.

576 久しぶりに友だちと一緒に酒を飲んだり、歌を歌ったりしました。
오랜만에 친구와 함께 술도 마시고, 노래도 부르고 했습니다.

577 世の中に人命軽視の風潮がはびこっている。
세상에 인명경시 풍조가 만연하고 있다.

578 会社をやめさせられてぶらぶらしています。
회사를 그만두게 되어 빈둥빈둥 놀고 있습니다.

579 □	平気を装う (へいき よそお)	태연한 체하다
580 □	偏見を取り除く (へんけん と のぞ)	편견을 없애다(제거하다)
581 □	返事をする (へんじ)	대답을 하다
582 □	ほうきで掃く (は)	비로 쓸다
583 □	本気にする (ほんき)	정말이라고 믿다, 참말로 알다
584 □	枚挙にいとまがない (まいきょ)	너무 많아서 일일이 셀 수가 없다
585 □	まな板に乗せる (いた の)	화제로 삼다(도마위에 올리다)
586 □	水入らず (みずい)	(남이 끼지 않는) 집안 식구끼리
587 □	水臭い (みずくさ)	친한 사이인데 서먹서먹하게 굴다

579 雷の音が怖かったが、平気を装った。
천둥소리가 무서웠으나 아무렇지도 않은 척했다.

580 わが社は職場における少数民族集団への偏見を取り除こうと努めております。
우리 회사는 직장에서 소수민족 집단에 대한 편견을 버리려고 노력하고 있습니다.

581 部長はまだ我々の休暇期間の要求に返事をしていない。
부장은 아직 우리들의 휴가기간의 요구에 답변을 하지 않고 있다.

582 ほうきで庭の落ち葉を掃いた。
비로 정원의 낙엽을 쓸었다.

583 彼の冗談を本気にする。
그 사람의 농담을 정말이라고 믿다.

584 兄の失敗談は、枚挙にいとまがない。
형의 실패담은 너무 많아 일일이 열거할 수 없을 정도이다.

585 新人の作品をまな板に乗せて話を進める。
신인의 작품을 화제로 삼아 이야기를 진행시키다.

586 今日は夫婦水入らずで旅行に出かけた。
오늘은 부부 단 둘이서만 여행을 떠났다.

587 親友の私に相談してくれないなんて、水臭いね。
친구인 나한테 의논하지도 않다니 (남 대하듯) 너무 하는군.

588 ☐	水(みず)をまく	물을 뿌리다
589 ☐	耳(みみ)を傾(かたむ)ける	귀를 기울이다
590 ☐	耳(みみ)を澄(す)ます	차분한 마음으로 듣다, 잘 주의해서 듣다
591 ☐	見(み)る見(み)る	순식간에, 금방
592 ☐	虫歯(むしば)になる	충치가 생기다
593 ☐	目(め)を通(とお)す	대충 읽어보다
594 ☐	問題(もんだい)が易(やさ)しい	문제가 쉽다
595 ☐	やっとの思(おも)い	겨우, 간신히
596 ☐	ユーモアを織(お)り交(ま)ぜる	유머를 섞다

588 □ この花屋は通行人にけがをさせるつもりで水をまいたとは思えないから、故意はないといえる。
이 꽃집 주인은 통행인에게 상처를 입힐 생각으로 물을 뿌렸다고는 생각되지 않기 때문에, 고의는 없다고 말할 수 있다.

589 □ 市長は市民の声に耳を傾けるべきだ。
시장은 시민의 목소리에 귀를 기울여야 한다.

590 □ 林の中から聞える小鳥のさえずりに耳を澄ます。
숲 속에서 들리는 새의 지저귐을 주의해서 듣다.

591 □ 空気が乾燥していたので見る見る火が燃え広がった。
공기가 건조해 있었으므로 순식간에 불이 번졌다.

592 □ 甘い物ばかり食べていると虫歯になってしまいますよ。
단 것만 먹으면 충치가 생겨요.

593 □ 書類にざっと目を通しましたが、問題は見つかりませんでした。
서류를 쭉 훑어보았으나 문제는 발견하지 못했습니다.

594 □ 今度のテストは問題が易しかったので、すぐ終わりました。
이번 시험은 문제가 쉬워서 금방 끝냈습니다.

595 □ やっとの思いで描きあげた図案を、上司は一目見ただけでつき返してきました。
겨우 다 그린 도안을 상사는 한번 보기만 하고 퇴짜를 놓았습니다.

596 □ 海外留学の体験談をユーモアを織り交ぜて話す。
해외 유학 체험담을 유머를 섞어서 말하다.

597 ☐	夜を日に継ぐ	(낮이나 밤이나) 조금도 쉬지 않고 계속하다
598 ☐	楽になる	편해지다, 즐겁게 되다
599 ☐	留守にする	(외출하고) 집을 비우다
600 ☐	列を作る	줄을 서다
601 ☐	連絡を取る	연락을 하다(취하다)
602 ☐	～わけにはいかない	～할 수는 없다
603 ☐	悪くすると	잘못하면

597 夜を日に継いで原稿を書き続けた。
낮이나 밤이나 쉬지 않고 계속 원고를 썼다.

598 税金が高いので、働いても働いても生活が楽にならない。
세금이 높기 때문에, 일 해도 일 해도 생활이 편해지지 않는다.

599 せっかく来てくださったのにあいにく留守にしていて失礼しました。
모처럼 와 주셨는데 공교롭게도 집을 비워 실례했습니다.

600 私たちは映画を見るために長い列を作って待った。
우리들은 영화를 보기 위해 긴 줄을 서서 기다렸다.

601 彼は携帯電話で連絡を取った。
그는 휴대전화로 연락을 취했다.

602 もうこれ以上、地球の緑を失うわけにはいかない。
이제 더 이상, 지구의 자연을 잃게 할 순 없다.

603 悪くすると倒産するかもしれない。
자칫하면 도산할지도 모른다.

독해 · 문법 · 오문정정 문제에
잘 나오는 **기능어로서의 숙어 49**

STEP 3

PART 1 — 혼동하기 쉬운 「こと」 관련 숙어 15

604 ☐	~こと	~할 것(명령 · 요구)
605 ☐	ことあるごとに	어떤 일이 있을 때마다, 툭 하면
606 ☐	~(た)ことがある	~한 적이 있다(과거의 특별한 일, 경험)
607 ☐	~ことが多い	~하는 경우가 많다
608 ☐	ことと次第によっては	경우에 따라서는(어쩌면, 혹시)
609 ☐	~ことだ	~한 것이다(상태, 성질을 나타내는 말을 받아 감탄조)
610 ☐	~ことに	~한 일은, ~한 것은

604 □ 変更がある場合は、申し出ること。
변경이 있을 경우에는 자진해서 말할 것.

605 □ あの二人はどうも気が合わないようで、ことあるごとに衝突している。
그 두 사람은 아무래도 마음이 안 맞는지, 무슨 일만 있으면 충돌하고 있다.

606 □ 入社2日目に取引先に行かされて、何も分からずに困ったことがあります。
입사 이틀째에 거래처에 가게 되어, 아무 것도 몰라 난처했던 적이 있습니다.

607 □ 外国人労働者が仕事中にけがをすることが多いようだ。
외국인 노동자가 업무 중에 부상을 당하는 일이 많은 것 같다.

608 □ ことと次第によっては、社長が辞職をすることにもなりかねない。
어쩌면 사장님이 사직을 하게 될 수도 있다.

609 □ こんなに易しい問題が解けないとは、情けないことだ。
이런 쉬운 문제를 풀 수 없다는 것은 한심한 일이다.

610 □ 信じられないことに、たった1枚買った宝くじで1億円当った。
믿을 수 없게도 딱 한 장 산 복권으로 1억 엔이 당첨되었다.

611 ☐	~ことにする	~하기로 하다(화자의 의지로 결정)
612 ☐	~ことになっている	~하게 되어 있다(규칙, 습관, 예정)
613 ☐	~ことは、~ことだ	~한 것은, ~한 것이다
614 ☐	~ことはない	~할 필요는 없다 (접속은 「기본형 + ことはない」)
615 ☐	~だけのことだ	~할 수밖에 없다(판단)
616 ☐	~だけのことはある	~한 만큼의 보람은 있다, 그만한 값어치를 하다
617 ☐	~にも事欠く	~조차도 없다(부족하다, 모자라다)
618 ☐	~のは~ことだ	~인 것은 ~것이다

611 娘がどうしてもやりたいと言うので、バイオリンを習わせることにしました。
딸이 꼭 하고 싶다고 해서 바이올린을 배우게 했습니다.

612 その会議に出席する従業員には、会社から交通費が支給されることになっている。
그 회의에 출석하는 종업원에게는, 회사에서 교통비가 지급되기로 되어 있다.

613 著名な画家の行方不明になっていた作品が発見されたことは、非常に喜ばしいことだ。
저명한 화가의 행방불명되었던 작품이 발견된 것은, 대단히 기쁜 일이다.

614 あなたが行くことはないですよ。向こうが来るでしょう。
당신이 갈 필요는 없어요. 그쪽에서 오겠죠.

615 だれもやらないなら、計画は中止するだけのことだ。
아무도 안 한다면 계획은 중지할 수밖에 없다.

616 見事な包丁さばきだった。長年板前の修行を積んだだけのことはあったよ。
훌륭한 요리솜씨였어. 오랫동안 요리사 수업을 받은 만큼의 가치가 있었어.

617 毎日の米にも事欠く暮らしをした。
매일 먹을 쌀조차 없는 생활을 했다.

618 残念なのは旅行中、天気がずっと悪かったことです。
아쉬운 것은 여행 중, 계속 날씨가 안 좋았던 것입니다.

혼동하기 쉬운 「もの」 관련 숙어 10

619 ☐	~ものか	~할까보냐, ~할게 뭐야(반어나 강한 부정을 나타냄)
620 ☐	~ものがある	~할 만하다, ~한 느낌이 들다
621 ☐	~ものだ	~한 법이다(당연, 일반적인 상식)
622 ☐	~(た)ものだ	~하곤 했었다(과거 회상)
623 ☐	~ものだ	~이구나, ~하구나(영탄, 감탄조)
624 ☐	~て欲しいものだ	~해주기 바라는 것이다
625 ☐	~ものではない	~해서는 안 된다(훈계)
626 ☐	~ものでもない	~할 것도 없다, 어떤 경우에는 ~할 수도 있다(판단, 평가)

619 □ 医者にひどいことを言われ、二度とこんな病院には来るものかと思いました。
의사에게 심한 소리를 듣고, 두 번 다시 이런 병원에 올까보냐고 생각했습니다.

620 □ 子供の成長の早さには、驚かされるものがある。
아이의 성장이 빠른 것에는 놀라지 않을 수 없다.

621 □ 運動した後は、おなかがすくものですよ。
운동한 뒤에는 배가 고픈 법이다.

622 □ ダイエットには何度も挑戦しては失敗したものですよ。
다이어트에는 몇 번이고 도전했다가 실패하곤 했었어요.

623 □ 彼も英語が上手になったものだ。
그도 영어가 능숙해졌구나.

624 □ ゴミを分別して出して欲しいものだ。
쓰레기를 분리해서 내주길 바란다.

625 □ 酒を飲んでいたとはいえ、あのような言動が許されるものではありません。
술을 마셨다고는 하지만, 그러한 언동은 용서해서는 안 된다.

626 □ あの大学に入学できたとは、そう馬鹿にしたものでもない。
그 대학에 입학할 수 있었다는 것은, 그렇게 무시할 일이 아니다.

| 627 ☐ | ～ものと思^{おも}っている | ～일 거라고 생각하고 있다(추량) |

| 628 ☐ | 物別^{ものわか}れに終^おわる | 의견이 결렬되다, 의견의 일치를 보지 못한 채 헤어지다 |

627 □ 国民は、この計画が成功するものと思っている。
국민은 이 계획이 성공할 거라고 생각하고 있다.

628 □ 残念ながら両側の交渉は物別れに終わった。
유감스럽게도 교섭은 의견의 일치를 못 보고 결렬됐다.

문어체 표현이 가미된 숙어 24

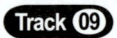

629 ☐	あるまじき	결코 있어서는 안 된다
630 ☐	ごとき	~따위, ~같은 것
631 ☐	~ざるを得ない	~하지 않을 수 없다
632 ☐	~じゃあるまいし	~도 아니고, ~은 아니므로 당연히
633 ☐	しかるべき	마땅히 그래야 함, 그에 알맞은(적합한)
634 ☐	知らず知らずのうちに	어느새, 저절로
635 ☐	~ずに	~지 않고(열거)

629 □　セクハラは、生徒としてあるまじき行為だ。
성희롱은, 학생으로서 절대 있을 수 없는 행위이다.

630 □　アマチュアチームとはいっても、中学生ごときに負けるはずがありません。
아마추어팀이라고 해도 중학생 따위에게 질 리가 없습니다.

631 □　私は大学入試を諦めざるを得なかった。
나는 대학입시를 포기하지 않을 수 없었다.
　　　私としては、その場合そうせざるを得なかったのです。
저로써는 그 경우 그렇게 하지 않을 수 없었던 것입니다.

632 □　専門家じゃあるまいし、そんなに完璧にできるはずないですよ。
전문가도 아니고 그렇게 완벽하게 할 수 있을 리가 없어요.

633 □　注意を受けてしかるべき行為だったと認めざるを得ない。
주의를 받아 마땅한 행위였다고 인정하지 않을 수 없다.

634 □　知らず知らずのうちに、日本語の会話ができるようになりました。
어느새 일본어 회화를 할 수 있게 되었습니다.

635 □　大学時代は、学校へも行かずにアルバイトをしていました。
대학시절에는 학교에도 가지 않고 아르바이트를 했습니다.

636 □	～ずにはいられない	～하지 않을 수 없다
637 □	絶(た)えざる努力(どりょく)	끊임없는 노력
638 □	～たる者(もの)	～할 만한 자, ～한 입장에 있는 사람
639 □	～つつ	～하면서(동작의 동시진행)=「ながら」
640 □	～であれ	설령 ～이라 할지라도, ～일지라도
641 □	～ねばならぬ	～하지 않으면 안 된다
642 □	～(の)いかんを問(と)わず	～여하를 막론(불문)하고
643 □	～のみならず	～뿐만 아니라
644 □	～んがために	～하기 위해서(그것이 가장 우선적인 목적임을 나타냄) (접속은 「동사 ない형+んがために」, する동사는 「せんがために」)

636 うれしくて君に電話をかけずにはいられなかったんだよ。
기뻐서 너에게 전화를 걸지 않을 수 없었던 거야.

637 一流になるために絶えざる努力が必要だ。
일류가 되기 위해서는 끊임없는 노력이 필요하다.

638 子供を保護するのは、親たる者の義務だ。
아이를 보호하는 것은 부모된 자의 의무이다.

639 東洋物産と交渉を進めつつ、三田商事とも接触をしています。
동양물산과 교섭을 진행하면서 미타상사와도 접촉을 하고 있습니다.

640 結果はどうであれ、最後まで最善を尽くしたい。
결과가 어떻든 끝까지 최선을 다하고 싶다.

641 どんなに苦しくても耐えねばならぬ時がある。
아무리 괴로워도 참지 않으면 안 될 때가 있다.

642 理由のいかんを問わず、一度支払われた代金は返金できません。
이유여하를 막론하고 한번 지불된 대금은 환불할 수 없습니다.

643 人間のみならず動物もストレスを感じるのだという。
인간뿐만 아니라 동물도 스트레스를 느낀다고 한다.

644 同僚を助けんがために、彼は犠牲になった。
동료를 돕기 위해서 그는 희생이 되었다.

645 ☐	~べからず	~금지, ~해서는 안 된다
646 ☐	~べきだ	반드시 ~해야 한다, ~하는 편이 좋다
647 ☐	~べく	~하려고, ~하고자
648 ☐	~まい①	~하지 않겠다, ~하지 말자(부정의 의지)
649 ☐	~まい②	~하지 않을 것이다(부정의 추측)
650 ☐	~もさることながら	~도 그렇지만(앞의 내용도 인정하지만 뒤의 것을 더 높게 평가함)=「~も、もちろんそうだが」
651 ☐	~故(ゆえ)に	~인 까닭에, ~이기 때문에
652 ☐	~んばかり	금방이라도 ~할 듯이, 당장이라도 ~할 것 같은

645 □ ここにチラシ貼るべからず。
여기에 전단지를 붙여서는 안 된다.

646 □ 大学生でも自分の小遣いくらいは自分で稼ぐべきだと思う。
대학생이라도 자신의 용돈 정도는 스스로 벌어야 한다고 생각한다.

647 □ 英語をマスターするべく、語学学校に通い始めました。
영어를 완전히 습득하려고 어학 학교에 다니기 시작했습니다.

648 □ あんな男の言うことなんか、二度と信じまい。
그런 남자가 하는 말 따위 두 번 다시 믿지 않겠다.

649 □ 昨日あれほど注意したから、今日は遅れてくるまい。
어제 그만큼 주의를 주었으니까 오늘은 늦게 오지 않을 것이다.

650 □ 彼は日本に来たばかりなのにひらがなもさることながら漢字もすらすらと読める。
그는 일본에 온지 얼마 안 되었는데 히라가나도 물론이고 한자도 술술 읽을 줄 안다.

651 □ 日本は資源が乏しいが故に、輸入に頼らざるを得ない。
일본은 자원이 부족하기 때문에 수입에 의존하지 않을 수 없다.

652 □ 上司に厳しく叱られて、彼女は今にも泣き出さんばかりでした。
상사에게 엄하게 꾸중을 듣고 그녀는 당장이라도 울음을 터트릴 것 같았습니다.

조사에 잘 연결되는 **숙어** 150   STEP 4

PART 1 조사 「か」와 잘 어울리는 숙어 6 　Track ⑩

653 ☐	~かと思^{おも}うと (~かと思^{おも}ったら)	~했다고 생각한 순간, ~하자마자
654 ☐	~かどうか	~일지 어떨지 (접속은 명사, 활용어의 기본형, 형용동사 어간 + 「かどうか」)
655 ☐	Aか Bか	A 혹은(또는) B (대등하거나 대립적인 관계의 내용을 나열하여 선택을 나타냄) = 「A 또는(もしくは、あるいは) B」
656 ☐	~ことか	~했던가, ~했던지 (말로 다 표현할 수 없는 격한 감정을 감탄조로 표현하는 말)
657 ☐	~ではあるまいか (~ではなかろうか)	~하지 않을까?, ~하는 것은 아닐까? (주로 논리적 문장에서 자신의 생각을 완곡하게 표현하는 말)
658 ☐	A どころか B	A는커녕 B, A는 고사하고 B

653 □ あの子はやっと勉強を始めたかと思ったら、もう居眠りをしている。
그 아이는 간신히 공부를 시작하는가 싶더니 벌써 앉아서 졸고 있다.

654 □ あした行けるかどうかまだわかりません。
내일 갈 수 있을지 어떨지 아직 모르겠습니다.

655 □ 昼食はうどんかそばかを食べることにした。
점심은 우동이나 메밀국수를 먹기로 했다.

一か八かやってみよう。
성공하든 실패하든 해 보자.

656 □ こんなに易しい問題が解けなくて、どれほど情けなく思ったことか。
이렇게 쉬운 문제를 풀 수 없어서 얼마나 한심하게 생각했던지.

657 □ 外来語はますます増えていくではあるまいか。
외래어는 더욱 더 늘어가는 것은 아닐까?

658 □ 親切にしたつもりなのに、感謝されるどころか、恨まれてしまった。
친절하게 한다고 했는데, 고마워 하기는커녕 원망을 들어 버렸다.

PART 2 — 조사 「が」와 잘 어울리는 숙어 7   Track ⑪

659 ☐	~が一番好きだ	~을 제일 좋아하다
660 ☐	~が気になる	~이 걱정되다(마음에 걸리다)
661 ☐	~がする	~가 나다(느껴지다)
662 ☐	~ができる	~을 할 줄 안다
663 ☐	~が早いか	~하자마자
664 ☐	~が欲しい	~을 하고 싶다(바라다)
665 ☐	~が分かる	~이 밝혀지다(드러나다)

659 果物の中でメロンが一番好きです。
과일 중에서 멜론을 제일 좋아합니다.

660 試験のことが気になって、なかなか眠れない。
시험 치를 일이 걱정되어 좀처럼 잠이 안 온다.

661 このアイスクリーム、バナナの味がします。
이 아이스크림, 바나나 맛이 납니다.

662 中村さんは英語ができます。
나카무라 씨는 영어를 할 줄 압니다.

663 ベルが鳴るが早いか、彼は教室を飛び出していった。
벨이 울리자마자 그는 교실을 뛰쳐나갔다.

664 仕事が忙しくて、家族と過ごす時間がないので、休みが欲しいです。
일이 바빠서 가족과 지낼 시간이 없기 때문에 휴가를 내고 싶습니다.

665 調査によれば、運転しているときに携帯電話を使うと、事故が4倍に増えることが分かった。
조사에 따르면, 운전할 때 휴대전화를 사용하면, 사고가 4배나 늘어난다는 것을 알 수 있다.

PART 3 　조사「から」와 잘 어울리는 숙어 5　Track ⑫

666 ☐	～からある	～정도 되다(그 정도의 수량이 되다)
667 ☐	～からする	～정도 하다(그 정도로 가격이 비싸다)
668 ☐	～からといって	～라 하더라도 ㊞「～からとて」
669 ☐	～からなる	～로 이루어지다(구성되다)
670 ☐	～から守る	～으로부터 지키다

666 □ 千ページからある本を一日で読んだ。
천 페이지정도 되는 책을 하루에 읽었다.

667 □ あの歯医者で一万円からする電動歯ブラシを買わされた。
그 치과의사에게서 만 엔 정도 하는 전동 칫솔을 샀다.

668 □ 給料が上がったからといって一概に喜べない。
월급이 올랐다고 해서 무조건 기뻐할 수 없다.

669 □ 日本は北海道、本州、四国、九州の四島と3,900余の島々から成る列島である。
일본은 홋카이도, 혼슈, 시코쿠, 큐슈라는 네 개의 섬과 3,900여 섬들로 이루어진 열도이다.

670 □ 警官は市民を犯罪から守る義務がある。
경찰은 시민을 범죄로부터 지킬 의무가 있다.

PART 4

조사 「て(で)」와 잘 어울리는 숙어 25 Track ⑬

671 ☐	~てあげる	~해 주다
672 ☐	~てある	~해 있다(타동사 상태)
673 ☐	~て以来(いらい)	~한 이후로(지금까지)
674 ☐	~でいらっしゃる	~이시다 *「です」의 공손한 말
675 ☐	~て(で)いらっしゃる	~하시다(~이시다)
676 ☐	~てかなわない (~てやりきれない)	~여서 참을 수 없다, ~해서 견딜 수 없다
677 ☐	~て(で)構(かま)わない	~해도 상관없다

671 □ 私は妹に旅行の写真を見せてあげました。
나는 여동생에게 여행에서 찍은 사진을 보여 주었습니다.

672 □ その書類ならロッカーにしまってあります。
그 서류라면 로커에 보관돼 있습니다.

673 □ 仕事をやめて以来、全然いいことはなかった。
일을 그만둔 이후로 전혀 좋은 일은 없었다.

674 □ あちらでお茶を召し上がっている方が先生の奥様でいらっしゃいます。
저쪽에서 차를 드시고 있는 분이 선생님 사모님이십니다.

675 □ 奥様は喜んでいらっしゃいます。
부인께서는 기뻐하고 계십니다.
お若くていらっしゃいます。 젊으십니다.
明日出発のご予定でいらっしゃいます。 내일 출발할 예정이십니다.

676 □ このごろ、胃の調子が悪くてかなわない。
요즘 위 상태가 안 좋아서 견딜 수 없다.
機械の使い方が面倒でやりきれない。
기계 사용법이 귀찮아서 참을 수 없다.

677 □ 割り当てた仕事を終えたら、家に帰って構いません。
할당된 일을 끝내면, 집에 돌아가도 상관없습니다.

678 ☐	~てから	~하고 나서(동작, 행위의 순서)
679 ☐	~てからというもの	~하고 나서
680 ☐	~で構成する	~으로 구성하다
681 ☐	~て(で)ございます	~습니다, ~입니다(공손한 말투)
682 ☐	~てこそ	~하고서 비로소
683 ☐	~でしかない	~밖에 없다, ~일 뿐이다
684 ☐	~てしまう	~해 버리다
685 ☐	~て(で)たまらない (~てしかたがない) (~てしょうがない)	~해서 참을 수 없다, 견딜 수 없다

678 きのう、会社が終わってからどうしましたか。
어제 회사가 끝나고 나서 어떻게 했습니까?

679 子供ができてからというもの、映画を見に行く時間もない。
아이가 생기고 나서 영화를 보러 갈 시간도 없다.

680 本部は6つの部門で構成されている。
본부는 6개 부문으로 구성되어 있다.

681 こちらに用意してございます。
이쪽에 준비되어 있습니다.
お久しぶりでございます。
오랜만입니다.

682 患者の気持ちに配慮できてこそ、本当の医師と言えるでしょう。
환자의 기분을 배려할 수 있어야 비로소, 진정한 의사라고 말할 수 있겠지요.

683 会長といっても実権はなく飾りでしかない。
회장이라고 해도 실권은 없고 겉치레일 뿐이다.

684 友だちが国へ帰ってしまって寂しいです。
친구가 고향에 돌아가 버려서 쓸쓸합니다.

685 部屋にはストーブがないから、寒くてたまらない。
방에는 스토브가 없기 때문에 추워서 못 견디겠다.

686 ☐	〜て(で)ならない	매우 〜이다, 〜여서 참을 수 없다
687 ☐	〜てはいけません	〜해서는 안 됩니다
688 ☐	〜て(は)かなわない	〜해서 못 견디겠다, 〜해서 참을 수 없다
689 ☐	〜てばかりで	〜뿐, 만
690 ☐	〜てばかりいる	〜하기만 하다
691 ☐	〜てはじめて	〜하고서 처음으로(비로소)
692 ☐	〜で働(はたら)く	〜에서 일하다
693 ☐	〜て(も)さしつかえない	〜해도 상관없다, 〜해도 지장 없다
694 ☐	〜てもいい	〜해도(라도) 좋다, 괜찮다
695 ☐	〜て(で)やまない	〜해 마지 않다

686 □ 大学に入学できたので、うれしくてなりません。
대학에 입학할 수 있었기 때문에 너무 기뻤습니다.

687 □ ここで写真をとってはいけません。
여기서 사진을 찍어서는 안 됩니다.

688 □ 仲間が急にやめたので、私一人で忙しくてかなわない。
동료가 갑자기 그만둬서 나 혼자 바빠서 못 견디겠다.

689 □ 彼女は泣いてばかりで何も言わなかった。
그녀는 울기만 할 뿐 아무 말도 하지 않았다.

690 □ 今日の部長は機嫌が悪く、朝から怒ってばかりいます。
오늘 부장님은 기분이 나쁜지, 아침부터 화만 내고 있습니다.

691 □ 実際に読んでみて、はじめてこの本のおもしろさがわかった。
실제 읽어보고서 처음으로 이 책의 재미를 알게됐다.

692 □ 彼女は昼はスーパーで働いています。
그녀는 낮에는 슈퍼에서 일하고 있습니다.

693 □ この方法は日本独特のものと言ってさしつかえない。
이 방법은 일본의 독특한 것이라고 해도 무방하다.

694 □ 二人でいっしょに乗ってもいいですよ。
둘이서 함께 타도 좋아요.

695 □ 世界平和を願ってやまない。
세계평화를 바라마지 않다.

PART 5 조사「と」와 잘 어울리는 **숙어 21** Track ⑭

696 ☐	～というのは	～라는 것은, ～라고 하는 것은
697 ☐	～といえば、～だ	～라면, ～이다
698 ☐	～といえども	(비록) ～라 하더라도
699 ☐	～ということだ	～이라는 것이다(전문)
700 ☐	～といったら ありゃしない	～이란 이루 말할 수 없다
701 ☐	～と言っていた	～라고 했다(전문)
702 ☐	～と思いきや	～라고 생각했지만, ～라 생각했더니
703 ☐	～ときたら (～ったら)	～은, ～으로 말할 것 같으면

696 □ 高齢化というのは八十歳以上の老人が多くなることを意味する。
고령화라는 것은 80세 이상의 노인이 많아지는 것을 의미한다.

697 □ 代表的な日本の料理といえばお寿司だ。
대표적인 일본 요리라면 초밥이다.

698 □ コンピューターといえども万能ではない。
컴퓨터라 하더라도 만능은 아니다.

699 □ 心配しなくても大丈夫だということです。
걱정하지 않아도 문제없다고 합니다.

700 □ 選挙カーの声がうるさいといったらありゃしない。
선거 자동차의 소리의 시끄러움이란 이루 말할 수 없다.

701 □ 部長が会議の時間を1時間遅らせると言っていました。
부장님이 회의 시간을 1시간 늦추라고 했습니다.

702 □ 負けると思いきや、勝ちましたね。
질 거라 생각했는데 이겼군요.

703 □ 最近の若者ときたら何を考えているのか、さっぱりわからない。
요새 젊은이들은 무엇을 생각하고 있는지 도무지 알 수 없다.

704	~と首(くび)っ引(び)き	~을 늘 옆에 놓고 참고함
705	~として	~으로서, ~로써(입장, 자격, 종류)
706	~としたところで (~にしたって)	~라고 해도, ~도 =「~であっても、~も」
707	~と推定(すいてい)している	~으로 추정하고 있다
708	~とともに	~과 동시에
709	~とにらむ	~라고 예측하다(점찍다)
710	~と述(の)べた	~라고 말했다
711	~とは限(かぎ)らない	반드시 ~인 것은 아니다 반드시 ~한 것은 아니다
712	~とは比(くら)べものにならない	비교가 안 될 정도로 ~하다, 큰 차이가 있다

704 □ 辞書と首っ引きで英文を訳している。
사전을 노상 참고하며 영문을 번역하고 있다.

705 □ 連絡手段として携帯電話がよく使われている。
연락수단으로서 휴대전화가 자주 사용되고 있다.

706 □ 私としたところで、よいアイデアがあるわけではない。
나라고 해서 좋은 아이디어가 있는 것은 아니다.

707 □ 出火の原因は放火によるものと推定している。
불이 난 원인은 방화에 의한 것으로 추정하고 있다.

708 □ 日が沈むとともに、あたりは急に暗くなった。
해가 짐과 동시에 주위는 갑자기 어두워졌다.

709 □ 真犯人は彼だとにらんで捜査する。
진범은 그 사람이라고 점찍고 수사하다.

710 □ 選挙で過半数を占めたことで、国会運営の主導権を握ったと首相は述べた。
선거에서 과반수를 차지함으로써, 국회운영의 주도권을 쥐었다고 수상은 말했다.

711 □ バーゲンセールの品が安いとは限りません。
바겐세일 하는 물건이 싸다고는 할 수 없습니다.

712 □ 優秀な彼の成績は、私とは比べものにならない。
우수한 그의 성적은 나와는 비교가 되지 않는다.(그의 성적은 나보다 훨씬 좋다.)

713 ☐	～とみえて	～인 것 같아서 ('모습을 보니 그와 같이 여겨지다'는 뜻)
714 ☐	～と見られる	～라고 여겨진다, ～라고 생각 된다 (객관적 추량)
715 ☐	～ともあろう	～정도 되는(뒤에 부정표현이 나와서 당연히 있어야 하는 것이 없다는 뜻을 나타냄)
716 ☐	～とも限らない	모든 가능성이 있다 (의문사+「とも限らない」)

713 疲れていたとみえて、子供はすぐに眠ってしまった。
피곤한 것 같더니 아이는 바로 잠들었다.

---

714 この病気による死亡率は、今後下がると見られる。
이 병에 의한 사망률은, 앞으로 떨어질 거라고 생각된다.

---

715 新聞記者ともあろう人が、それを知らないはずがない。
신문기자쯤 되는 사람이 그것을 모를 리가 없다.

---

716 災害はいつ起きるとも限らない。
재해는 언제든지 일어날 가능성이 있다.

PART 6 조사「に」와 잘 어울리는 숙어 58 Track ⑮

717 ☐	〜に〜	앞뒤로 같은 동사를 반복하여 강조함
718 ☐	〜にあたって 〜にあたり 〜に際して	〜(때)를 당하여(처하여)
719 ☐	〜にあたる	〜에 해당하다
720 ☐	〜において	〜에 있어서, 〜에서 (동작, 작용 등이 행해지는 장소, 시간, 경우를 나타냄)
721 ☐	〜における	〜에서(일이 행해지는 장소, 장면, 상황)
722 ☐	〜に及ばない	〜할 필요는 없다
723 ☐	〜に及ぶ	〜에 미치다(달하다)
724 ☐	〜に応じて	〜에 따라, 〜에 (걸)맞게

717 迷いに迷ったのですが、結局買わないことにしました。
망설이고 또 망설였지만 결국 사지 않기로 했습니다.

718 卒業にあたって、成績のよい子に賞を贈ります。
졸업에 즈음하여 성적이 좋은 아이에게 상을 주겠습니다.

719 定員の3倍にあたる留学生が、奨学金を申し込んだ。
정원의 3배에 해당하는 유학생이 장학금을 신청했다.

720 大会は京都において3日にわたって開かれた。
대회는 교토에서 사흘에 걸쳐 개최되었다.

721 わが社の海外における最大の生産拠点が、この町にあります。
우리 회사의 해외에서의 최대 생산 거점이 이 지역에 있습니다.

722 何もわざわざ社長が行くには及ばない。電話で十分だ。
무얼 일부러 사장이 갈 필요는 없다. 전화로 충분하다.

723 彼は15時間に及ぶ大手術に耐え、一命をとりとめました。
그는 15시간에 이르는 대수술을 견디고, 목숨을 구했습니다.

724 現金は銀行から必要に応じて引き出すことにしている。
현금은 은행에서 필요에 따라 인출하기로 하고 있다.

725 ☐	～にかぎって	～만은, ～에 한하여(한해서)
726 ☐	～にかけて	～에 걸쳐서「～から～にかけて」
727 ☐	～にかこつけて	～을 핑계삼아, ～을 구실삼아
728 ☐	～に勝つ	～을 이기다
729 ☐	～に通う	～에 다니다
730 ☐	～にかわって	～을 대신해서 ㊥「～のかわりに」
731 ☐	～に関して	～에 관하여(전문분야와 관련된 문장)
732 ☐	～に決まっている	반드시 ～하다, ～하기 마련이다, ～으로 정해져 있다
733 ☐	～に比べて	～에 비해서

725 □ 彼はいつも家にいるのに、今日にかぎって留守でした。
그는 언제나 집에 있었는데 오늘만은 부재중이었습니다.

726 □ 六月の十日ごろから七月の二十日ごろにかけてよく雨が降ります。
6월 10일경부터 7월 20일경에 걸쳐서 자주 비가 내립니다.

727 □ 仕事にかこつけて海外へ遊びに行く会社員が多い。
업무를 핑계 삼아 해외에 놀러 가는 회사원이 많다.

728 □ 今度の試合では、社会人チームに勝つのが目標です。
이번 시합에서는 사회인 팀을 이기는 것이 목표입니다.

729 □ 昼、会社で働きながら、夜大学に通いました。
낮에 회사에서 일하면서 밤에 대학에 다녔습니다.

730 □ 父にかわってお客を案内した。
아버지를 대신해서 손님을 안내했다.

731 □ この会社はコンピューターに関しては業界トップである。
이 회사는 컴퓨터에 관해서는 업계 톱이다.

732 □ 信頼できるあの人だから、約束の時間には来るに決まっている。
신뢰할만한 사람이므로 반드시 약속시간에 올 것이다.

733 □ 今年の農産物の生産量は、低温と風水害が重なったために例年に比べ少なかった。
올해의 농산물의 생산량은, 저온과 풍수 피해가 겹쳐졌기 때문에 예년에 비해서 적었다.

734 ☐	~にしたがって	①~에 따라 ㊀「~につれて」 ②(명령, 지시) ~에 따라
735 ☐	~にしては	~치고는, ~로서는
736 ☐	~にしても	~라도, ~라고 남들이해도
737 ☐	~にすぎない	~에 지나지 않는다, ~에 불과하다
738 ☐	~にせよ	~라고는 해도, ~이더라도
739 ☐	~に添う	~에 부응하다(부합하다, 따르다)
740 ☐	~に沿って	~을 따라
741 ☐	~に背く	~을 어기다(거역하다)

734 □ 年をとるにしたがって体が弱くなります。
나이를 먹음에 따라 몸이 약해집니다.
この国では、すべての商取引は政府の規則に従って行われなければならない。
이 나라에서는, 모든 상거래는 정부의 규칙에 따라 하지 않으면 안 된다.

735 □ このごろは、冬にしては暖かい日々が続いている。
요즘은 겨울치고는 따뜻한 나날이 계속되고 있다.

736 □ 梅雨時はちょっと出かけるにしても、かさを持って行ったほうがいい。
장마 때에는 잠시 외출하더라도 우산을 가지고 가는 편이 좋다.

737 □ 日本語ができるといっても、日常のやさしい会話ができるにすぎない。
일본어를 할 수 있어도 일상적인 쉬운 회화만 가능한 것에 불과하다.

738 □ どんなことをするにせよ、十分な計画と準備が必要だ。
어떤 일을 하던, 충분한 계획과 준비가 필요하다.

739 □ 今度の件では皆様のご期待に添えず、申し訳ございませんでした。
이번 건에서는 여러분의 기대에 부응할 수 없게 되어 죄송합니다.

740 □ 川に沿って遊歩道が続いています。
강을 따라 산책로가 이어지고 있습니다.

741 □ 社長の命令に背いた次長が、今度の総会で辞意を表明した。
사장의 명령을 어긴 차장이 이번 총회에서 사의를 표명했다.

742 ☐	~に対して	~에 대해서(대상, 상대)
743 ☐	~に耐えない	~할 수 없다, ~가 어렵다
744 ☐	~に違いない	~임에 틀림없다, 틀림없이 ~일 것이다
745 ☐	~について	~을 따라서(같이 있다, 뒤따르다)
746 ☐	~について	~에 대해서, ~에 관하여(내용)
747 ☐	~につき	①~이므로, ~이기 때문에(이유) ②~당(할당 기준)
748 ☐	~に着く	~에 도착하자
749 ☐	~に勤める	~에 근무하다
750 ☐	~につれて	~함에 따라(전후 문맥이 비례 관계임)

742 □ 被害者は国に対して補償を要求した。
피해자는 국가에 대해 보상을 요구했다

743 □ 彼女の歌は聞くに耐えない。
그녀의 노래는 차마 들어줄 수 없다.

744 □ 彼はお金を落として、きっと困っているに違いない。
그는 돈을 잃어버리고 분명 곤란해 할 것이 틀림없다.

745 □ 友だちについて行ったので、詳しい場所はよく覚えていません。
친구를 따라 갔으므로 자세한 장소는 잘 기억하지 못합니다.

746 □ 貿易問題についての新聞記事を読んだ。
무역문제에 대한 신문 기사를 읽었다.

747 □ 雨天につき、運動会は中止します。
비가 오는 관계로 운동회는 중지하겠습니다.
お買い上げ2000円につき、一回くじ引きができます。
구입하신 물건 2000엔당 한 번 추첨을 할 수 있습니다.

748 □ 彼は銀行に着くとすぐ小切手を現金にした。
그는 은행에 도착하자 바로 수표를 현금으로 바꿨다.

749 □ 会社に勤めながら、夜は大学に通っています。
회사에 근무하면서 밤에는 대학에 다니고 있습니다.

750 □ 大きくなるにつれて、親の意見を聞かなくなる。
커감에 따라 부모의 의견을 듣지 않게 된다.

751 □	～に適(てき)している	～에 적합하다
752 □	～にとって	～에 있어서(어떤 범위와 기준을 나타냄)
753 □	～にとどまる	～에 머물다
754 □	～に取(と)り組(く)む	～에 몰두하다(맞닥뜨리다)
755 □	～になる	～(이)가 되다(변화)
756 □	～に似(に)ている	～를 닮다
757 □	～に上(のぼ)る	～에 이르다
758 □	～に乗(の)る	～을(를) 타다
759 □	～には及(およ)ばない	～할 필요는 없다

751 □ 彼女の才能はその仕事に適している。
그녀의 재능은 그 일에 적합하다

752 □ それは私にとって大事な問題です。
그것은 저에게 있어서 중요한 문제입니다.

753 □ あの企業は現在新たな社員を募集していないので、あなたは現職にとどまっていた方がよい。
그 기업은 현재 신입사원을 모집하고 있지 않으므로, 당신은 현재의 직업에 머물러 있는 편이 좋다.

754 □ 政府は公害問題に取り組んでいるというが、効果はあまり期待できない。
정부는 공해 문제에 몰두하고 있다고 하지만, 효과는 별로 기대할 수 없다.

755 □ 午後になったら電車はすいています。
오후가 되면 전철은 한산합니다.

756 □ 私は顔は母に似ていますが、性格は父に似ています。
나는 얼굴은 엄마를 닮았습니다만, 성격은 아버지를 닮았습니다.

757 □ 世界中で食糧不足に悩む人は数百万に上るといわれている。
전 세계적으로 식량부족으로 고민하는 사람은 수백만에 이른다고 한다.

758 □ 自転車に乗って島を一周して来ました。
자전거를 타고 섬을 일주하고 왔습니다.

759 □ お礼には及びません。当然のことをしただけですから。
고마워할 필요는 없습니다. 당연한 일을 한 것뿐이니까요.

760 ☐	～に反して	～에 반하여, ～와는 달리
761 ☐	～にひきかえ	～과는 달리, ～과는 반대로
762 ☐	～にほかならない	분명히 ～이다, ～임에 틀림없다
763 ☐	～に曲がる	～(쪽)으로 돌다
764 ☐	～に迷う	～을 망설이다, ～을 모르게 되어 헤매다
765 ☐	～に報いる	～에 보답하다, 갚다
766 ☐	～に夢中だ	～에 열중하다
767 ☐	～に恵まれる	～이 풍부하다(혜택을 받다, 은혜를 입다)
768 ☐	～に持てる	～에 인기가 있다

760 □ 政府の意図に反して、物価はそれほど下がらなかった。
정부의 의도와는 달리 물가는 그다지 내려가지 않았다.

761 □ 都市部では野党支持が多かったのにひきかえ、地方では与党寄りという結果が出た。
도시에서는 야당 지지가 많았던 것과는 달리 지방에서는 여당으로 기운 결과가 나왔다.

762 □ 親が厳しいのは子どもを愛しているからにほかならない。
부모가 엄격한 것은 자녀를 사랑하기 때문이다.

763 □ 銀行は次の角を左に曲がって右手にあります。
은행은 다음 모퉁이를 왼쪽으로 돌면 오른쪽에 있습니다.

764 □ 道に迷ってしまい、約束の時間に遅れてしまいました。
길을 잃어서 약속 시간에 늦어 버렸습니다.

765 □ 彼の努力は事業の大成功によって報いることかできた。
그의 노력은 사업의 대성공에 의해 보답 받을 수 있었다.

766 □ ゲームに夢中で電話が鳴ったのも気が付かなかった。
게임에 심취하여 전화가 울리는 것도 알지 못했다.

767 □ オーストラリアは豊かな資源に恵まれた国です。
오스트레일리아는 자원이 풍부한 나라입니다.

768 □ 彼女は美人でおまけに性格もいいので男性にもてる。
그녀는 미인이고 게다가 성격도 좋아서 남성에게 인기가 있다.

769 □	~に基(もと)づいて	~에 의거하여, ~에 기준하여
770 □	~にもほどがある	~도 유분수다, ~에도 한도가 있다
771 □	~にも増(ま)して	~보다 더욱 더, ~보다도 더
772 □	~によって	~에 의해(따라)
773 □	~による	~에 의한(수단)
774 □	~によると	~에 의하면

769 この資料に基づいて、話を進めていきます。
이 자료에 근거하여 이야기를 진행해 갑니다.

770 嘘を吐くにもほどがある。お父さんが死んだなんて。
거짓말을 해도 유분수지. 아버지가 죽었다니.

771 彼女の頭の良さにも増して、性格の良さが人に好かれる理由だ。
그녀의 머리가 좋은 것보다 성격이 좋은 점이 사람들에 호감을 사는 이유이다.

772 それは時と場合によってちがうかもしれない。
그것은 때와 경우에 따라 다를지도 모른다.

773 水力による発電は、日本の電力の需要の6分の1を供給しているにすぎない。
수력에 의한 발전은, 일본의 전력수요의 6분의 1을 공급하고 있는 것에 불과하다.

774 医者の診断によると、ストレスのため胃の調子が悪くなったということだ。
의사의 진단에 의하면, 스트레스 때문에 위의 상태가 나빠졌다고 한다.

조사 「は」와 잘 어울리는 숙어 5

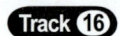

775 ☐	～は言うに及ばず	～은 물론이고
776 ☐	～はおろか	～은 고사하고(주로 부정적인 의미로)
777 ☐	～はともあれ	～야 여하튼, ～야 어찌되었든
778 ☐	～は別にして	～을 떠나, ～은 제외하고
779 ☐	～はもとより	～은 물론

775 姉の結婚は、父は言うに及ばず、母も大反対だった。
누나의 결혼은 아버지는 물론이고 어머니도 크게 반대했다.

776 一万円はおろか、百円さえ持っていません。
만 엔은 고사하고 백 엔조차 갖고 있지 않습니다.

777 過去のことはともあれ、現在は真面目な青年です。
과거야 여하튼 현재는 성실한 청년입니다.

778 良し悪しは別にして、日本人は勤勉な国民だと思う。
좋고 나쁨을 떠나 일본인은 근면한 국민이라고 생각한다.

779 わが社ではエンジンの改良はもとより燃費の低減を目指して研究開発を続けております。
우리 회사에서는 엔진 개량은 물론 연비 감소를 목표로 연구개발을 계속하고 있습니다.

PART 8 조사 「を」와 잘 어울리는 숙어 24 Track ⑰

780 ☐	~を歩(ある)く	~으로 걷다
781 ☐	~を受(う)け取(と)る	~을 받다
782 ☐	~を遅(おく)らせる	~을 늦추다
783 ☐	~をかわきりに	~을 시작으로
784 ☐	~をきっかけにして (~を契機(けいき)にして)	~을 계기로 하여
785 ☐	~を気(き)にする	~을 걱정하다(염려하다)
786 ☐	~を禁(きん)じえない	~을 금할 수 없다

780 ☐ 道路の左側はただいま工事中です。右側を歩いてください。
도로 좌측은 현재 공사 중입니다. 우측으로 다녀 주세요.

781 ☐ 私は彼からのファックスをまだ受け取っていない。
나는 그에게 팩스를 아직 받지 못했다.

782 ☐ 彼は大阪に向けての出発を遅らせた。
그는 오사카로 향하는 출발을 늦췄다.

783 ☐ 入学試験は10月初旬のA大学を皮切りに3月まで全国の大学で行われる。
입학시험은 10월 초순 A대학을 시작으로 3월까지 전국의 대학에서 이루어진다.

784 ☐ 今日の出会いをきっかけにして、みなさんといい友だちになりたいです。
오늘 만남을 계기로 하여 여러분과 좋은 친구가 되고 싶습니다.

株の値下がりを契機にして、景気が悪くなってきた。
주식 가격의 인하를 계기로 경기가 나빠졌다.

785 ☐ 彼女は太っているのを気にしている。
그녀는 살찐 것을 걱정하고 있다.

786 ☐ 今回の選挙の結果には、みな、驚きを禁じえない。
이번 선거 결과에는 모두 놀라움을 금할 수 없다.

787 □	~を心掛（こころが）ける	~을 신경 쓰다
788 □	~を確（たし）かめる	~을 확인하다
789 □	~を問（と）わず	~을 불문하고
790 □	~(を)抜（ぬ）きにして	~을 제외하고, ~없이
791 □	~をはじめ (~をはじめとして)	~을 비롯하여(많은 것들의 대표로서 예를 들어 말할 때)
792 □	~を控（ひか）えて	~을 앞두고(시간적, 거리적으로 가까움)
793 □	~を踏（ふ）まえる	~에 입각하다
794 □	~を減（へ）らす	~을 줄이다
795 □	~を欲（ほ）しがる	~을 갖고 싶어하다

787 常日ごろから安全運転を心掛けている。
늘 평소부터 안전운전을 신경 쓰고 있다.

788 答案を提出する前に、答えを確かめてください。
답안을 제출하기 전에, 답을 확인해 주세요.

789 収入の多少を問わず、誰でも参加できます。
수입이 많고 적음을 불문하고 누구라도 참가할 수 있습니다.

790 キリスト教を抜きにしては、ヨーロッパの文学は語れない。
그리스도교를 빼놓고 유럽문학을 논할 수 없다.

791 美術館をはじめ、いろいろな文化施設が作られた。
미술관을 비롯하여 여러 가지 문화시설이 만들어졌다.

792 日本は貿易の自由化をひかえて試練に直面している。
일본은 무역 자유화를 앞두고 시련에 직면하고 있다.

793 事実を踏まえてドラマを作ります。
사실에 입각하여 드라마를 만듭니다.

794 私は仕事の量を減らしたい。
나는 업무량을 줄이고 싶다.

795 友だちはみんな日本の人形を欲しがっています。
친구들은 모두 일본 인형을 갖고 싶어합니다.

#	표현	의미
796 □	～をめぐって (～をめぐり)	～를 둘러싸고
797 □	～をもって	～으로 ①도구·재료, 방법·수단 ②원인 ③시간·추량의 범위 (조사「で」와 비슷함)
798 □	～を基にして (～に基づいて)	～을 기반으로 하여, ～에 바탕을 두고
799 □	～をものともせずに	～을 전혀 신경 쓰지 않고, 아무렇지도 않다는 듯이
800 □	～を盛り込む	～을 담다(어떤 생각이나 의견을 넣다)
801 □	～を雇う	～을 고용하다
802 □	～をよそに	～을 아랑곳하지 않고, ～을 무시하고
803 □	～を余儀なくされる	～하지 않을 수 없게 되다, 달리 방법이 없다

796 あの会社の不正事件をめぐっては、以前から色々な噂があった。
그 회사의 비리사건을 둘러싸고, 이전부터 여러 가지 소문이 있었다.

797 入場者は、20人をもってしめきりにします。
입장하는 인원은 20명으로 마감하겠습니다.

798 私はあのとき、それまでの経験に基づいて判断し、行動した。
나는 그때, 이전까지의 경험에 근거하여 판단하고 행동했다.

799 彼は周囲の反対をものともせずに彼女と結婚した。
그는 주위의 반대를 아랑곳하지 않고에 아무렇지도 않다는 듯이 그녀와 결혼했다.

800 斬新なアイディアを盛り込んだ企画案を出してほしい。
참신한 아이디어를 담은 기획안을 내주길 바란다.

801 うちの会社は、課長をもう一人雇う必要がある。
우리 회사는, 과장을 한 사람 더 고용할 필요가 있다.

802 あの人は、頼まれた仕事をよそに遊んでばかりいる。
그 사람은 부탁받은 일을 내팽개치고 놀기만 하고 있다.

803 雨のため、運動会は中止を余儀なくされた。
비 때문에 운동회는 중지하지 않을 수 없게 되었다.

조동사와 잘 어울리는 숙어 59

STEP 5

PART 1

「동사 ます형」과 잘 어울리는 숙어 13 Track ⑱

804 ☐	~方(かた)	~하는 방법
805 ☐	~がたい	~하기 어렵다(불가능)
806 ☐	~がちだ	~한 경향이 있다, 자주 ~하다
807 ☐	~かねない	~하기 십상이다, ~할 수 있다
808 ☐	~次第(しだい)	~하는 대로, ~하는 즉시
809 ☐	~続(つづ)ける	계속 ~하다
810 ☐	~っぱなし	①~한 채로 놓아둠(그대로 두다) ②계속~함(그 상태가 계속된다는 뜻)
811 ☐	~っぽい	~라는 느낌(경향)이 강하다

804 この漢字の読み方が分かりません。
이 한자 읽는 법을 모르겠습니다.

805 季節風の影響で東京の夏は耐えがたいほど蒸し暑い。
계절풍의 영향으로 도쿄의 여름은 견디기 힘들 정도로 무덥다.

806 彼は朝食を抜くと、イライラしがちだ。
그는 아침식사를 거르면, 안절부절못하는 경향이 있다.

807 悪くすると、これは国際問題になりかねない。
잘못되면 이것은 국제문제가 될 수도 있다.

808 落し物が見つかり次第、お知らせします。
분실물이 발견 되는 대로 알려드리겠습니다.

809 私の国の政府にとって、増え続ける失業者をどう減らすかが今後の課題である。
우리나라 정부에게 있어서 계속 늘어나는 실업자를 어떻게 줄일까가 앞으로의 과제이다.

810 きのうは電気をつけっぱなしで寝てしまった。
어제는 전기를 켠 채로 자 버렸다.

811 年を取ったせいか最近忘れっぽくなってきた。
나이를 먹은 탓인지 최근 잊어버리는 경향이 많아졌다

812 ☐	～ながら	～하면서
813 ☐	～に行く	～하러 가다
814 ☐	～もしないで	～도 하지 않고
815 ☐	～やすい	～하기 쉽다(편하다)
816 ☐	～ようにも	～하려 해도

812 □ 大事な話はメモをしながら聞いておいてください。
중요한 이야기는 메모를 하면서 들으세요.

813 □ 課長はバイヤーに会いに行きました。
과장님은 바이어를 만나러 갔습니다.

814 □ 内容をよく見もしないでサインをしてはいけません。
내용을 잘 보지도 아니하고 사인을 해서는 안 됩니다.

815 □ このかばんは軽くて持ちやすいです。
이 가방은 가벼워서 들기 쉽습니다.

816 □ 鍵が見つからなくて、出かけようにも出かけられない。
열쇠가 발견되지 않아 외출하려고 해도 외출할 수가 없다.

「동사 ない형」과 잘 어울리는 숙어 24   Track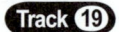

817 ☐	一概(いちがい)に〜ない	일률적으로(한마디로) 〜아니다
818 ☐	一切(いっさい)〜ない	일체〜않다
819 ☐	〜ことなしに〜ない	〜하는 것 없이 〜없다
820 ☐	〜しか〜ない	〜밖에 〜않다
821 ☐	〜じまい	〜하지 않고 끝나 버림
822 ☐	〜せてください	〜(하)게 해 주세요, 〜하겠습니다
823 ☐	〜たりとも〜ない	〜일지라도 〜않다
824 ☐	〜ともなく	분명한 의미나 목적이 없이〜하다

817 □ 日本人が勤勉だとは一概に言えない。
일본인이 근면하다고는 무조건 말할 수가 없다.

818 □ 当局はこのことに一切関知しない方針です。
당국은 이 일에 일체 관여하지 않을 방침입니다.

819 □ 誰かに迷惑をかけることなしに、人は生きられない。
누군가에게 폐를 끼치지 않고 사람은 살아갈 수 없다.

820 □ この学校に外国人の先生は一人しかいません。
이 학교에 외국인 선생님은 한 명밖에 없습니다.

821 □ いなくなったペットを懸命に探したが、結局、行方はわからずじまいだった。
없어진 애완동물을 열심히 찾았으니 결국 행방을 모른 채 끝나버렸다.

822 □ 今、事務室に着いたばかりなので、ちょっと休ませてください。
지금 사무실에 막 도착했으니까 잠깐 쉬겠습니다.

823 □ 水不足の折、一滴たりとも無駄にできない。
물이 부족할 때 한 방울이라도 낭비할 수 없다.

824 □ 仕事量は膨大で、いつ果てるともなく続く作業に思われた。
작업량은 방대해서 언제 끝난다고 할 것 없이 계속되는 작업으로 여겨졌다.

825 ☐	～ないうちに	～하기 전에
826 ☐	～ないでください	～하지 마세요
827 ☐	～ないことには	～하지 않고는
828 ☐	～ないとも限(かぎ)らない	～할 염려가 있다, 약간 ～할 가능성이 있다
829 ☐	～ないではいられない (～ずにはいられない)	～하지 않고는 있을 수가 없다(「する」동사는 「～しないでいられない、～せずにはいられない」)
830 ☐	～ないではおかない (～ずにはおかない)	반드시 ～하다
831 ☐	～ないではすまない (～ずにはすまない)	～하지 않을 수 없다, ～하지 않고는 해결되지 않다
832 ☐	～どころではない	～할 입장이 아니다, ～할 형편이 아니다

825 □ 危ないから、暗くならないうちに帰っていらっしゃい。
위험하니까 어두워지기 전에 돌아오세요.

826 □ あそこには行かないでください。
그곳에는 가지 마세요.

827 □ 朝7時に家を出ないことには授業に間に合わない。
아침 7시에 집을 나서지 않고는 수업에 맞춰갈 수 없다.

828 □ このまま環境破壊が続くと、人類が絶滅しないとも限らない。
이대로 환경파괴가 계속되면 인류가 멸망할 가능성이 있다.

829 □ 若い人が老人に席を譲らないことについて、抗議しないではいられない。
젊은 사람이 노인에게 자리를 양보하지 않는 것에 대해서 항의하지 않을 수 없다.

830 □ その事件は一般市民を不安にさせずにはおかなかった。
그 사건은 일반시민을 불안하게 하였다.

831 □ 世話になった上司の誘いだから、行かずにはすまないだろう。
신세를 진 상사의 권유이므로 가지 않을 수 없다.

832 □ 頭が痛くて、彼に会いに出かけるどころではありませんでした。
머리가 아파서 그를 만나러 갈 형편이 아니었습니다.

833 □	~ないまでも		~하지는 못하지만, ~하지는 못해도
834 □	~ないものでもない		~할 수도 있다, ~할 가능성이 있다
835 □	~なければならない		~하지 않으면 안 된다
836 □	~はずがない		~할 리가 없다
837 □	~ほかはない		~할 수밖에 없다
838 □	~ほど~ない		~만큼(보다) ~않다
839 □	やむをえない		어쩔 수 없다, 달리 방법이 없다
840 □	~よりしかたない		~일 수밖에 없다

833 □ 全部と言わないまでも、半分ぐらいはくれるだろう。
전부는 아닐지라도 절반쯤은 주겠지.

834 □ ちょっとした不注意が大きな事故につながらないものでもない。
사소한 부주의가 큰 사고로 이어질 수도 있다.

835 □ 朝晩、一日二回薬を飲まなければならない。
아침저녁으로 하루에 두 번 약을 먹어야 합니다.

836 □ 責任感のない彼が、社長なんかになれるはずがありません。
책임감이 없는 그가 사장 같은 것이 될 리가 없습니다.

837 □ 今は結果の発表を待つほかはないでしょう。
지금은 결과발표를 기다리는 수밖에 없겠죠.

838 □ 忙しいのは忙しいですが、先週ほど忙しくありません。
바쁘기는 바쁘지만 지난주보다 바쁘지는 않습니다.

839 □ こんなに不況では人員整理もやむをえない。
이런 불황에서는 인원정리도 어쩔 수 없다.

840 □ 今となっては運を天にまかせるよりしかたない。
지금에 와서는 운을 하늘에 맡길 수밖에 없다.

「동사 た형」과 잘 어울리는 숙어 16

841	~たあげく	~한 끝에
842	~たあげくの果て	~한 끝에(여러 가지로 ~한 후에 결국은 유감스러운 결과가 되었다고 말할 때)
843	~た後で	~한 다음에
844	~た上で	~한 다음에
845	~たが最後	일단 ~하면
846	~たきり	~했을 뿐(그것으로 상황이 끝남)
847	~た末に	~한 후에
848	~たところで	~한다고 해도

841 □ いろいろ迷ったあげく、留学することにした。
여러 가지로 망설인 끝에, 유학가기로 했다.

842 □ 何日間も協議を続けたあげくの果て、今回は我々の会からは代表を送らないことにした。
며칠간의 협의를 계속한 끝에, 이번에는 우리 모임에서는 대표를 보내지 않기로 했다.

843 □ この薬はご飯を食べる前に飲みますか、食べた後で飲みますか。
이 약은 밥을 먹기 전에 먹습니까, 먹은 다음에 먹습니까?

844 □ もう少し考えた上で決めます。
좀 더 생각한 후에 정하겠습니다.

845 □ 信用をなくしたが最後、回復するには時間がかかるだろう。
일단 신용을 잃어버리면 회복하는 데에는 시간이 걸릴 것이다.

846 □ おととい出かけたきりでまだ帰ってこない。
그저께 나간 이후로 아직 돌아오지 않는다.

847 □ さんざん迷った末に進学せずに就職することにした。
실컷 고민한 후에 진학하지 않고 취직하기로 했다.

848 □ 賠償金をもらったところで、元の生活に戻れるわけではない。
배상금을 받는다 한들, 원래의 생활로 돌아갈 수 있는 것은 아니다.

849 ☐	〜たとしたら	〜하다면(가정)
850 ☐	〜たとたんに	〜하자마자
851 ☐	〜たばかり	막 〜한 참(〜한지 얼마 되지 않음)
852 ☐	〜たまま	〜한 채로
853 ☐	〜たものだ	〜하곤 했었다(과거를 회상)
854 ☐	〜たものの	〜하긴 했으나
855 ☐	〜たら〜た	〜는데 〜했다, 〜하니까 〜했다(우연, 발견)
856 ☐	〜とたん(に)	〜하자마자

849 彼が大統領になっていたとしたら、また共産主義に逆戻りしていただろう。
그가 대통령이 되었더라면, 다시 공산주의로 되돌아갔을 것이다.

850 雨が止んだとたんに気温が上がり始めた。
비가 그치자마자 기온이 오르기 시작했다.

851 昨日アメリカから帰って来たばかりなので、まだ時差ボケが残っています。
어제 미국에서 막 돌아왔기 때문에 아직 시차 병이 남아 있습니다.

852 靴ははいたままで構いません。
신발은 벗지 않아도 상관없습니다.

853 若いころは、もっと早く覚えられたものだ。
젊을 때는 더 빨리 암기할 수 있었다.

854 資格は取ったものの、それを生かせる仕事が見つかりません。
자격을 따긴 했으나 그것을 활용할 수 있는 일을 못 찾았습니다.

855 電車でおじいさんに席を譲ったら、大きな声でほめられた。
전철에서 할아버지에게 자리를 양보했더니 큰소리로 칭찬하셨다.

856 電車から降りたとたんに、気分が悪くなりました。
전철에서 내리자마자 속이 안 좋아졌습니다.

「う、よう」와 잘 어울리는 숙어 6

857 ☐	～と思う	～하려고 하다
858 ☐	～としたら	～할 생각이었는데, ～하려 했더니
859 ☐	～にも ～ない	～하고 싶어도(하려 해도) ～할 수 없다
860 ☐	～(よ)うものなら	만일 ～한다면 반드시
861 ☐	～ようではないか	～하지 않겠는가?
862 ☐	～ようと～まいと (～ようが～まいが)	～하든지 말든지

857 □ 今度コンピューターを買おうと思っているが、何がいいか分からない。
이번에 컴퓨터를 사려고 생각하고 있는데, 무엇이 좋을지 모르겠다.

858 □ 帰ろうとしたら、事故で電車が不通になっていた。
돌아가려고 했는데 사고로 전철이 불통이 되었다.

859 □ 出席したいが飛行機の切符がとれないので行こうにも行けない。
출석하고 싶지만 비행기 표를 끊을 수 없어서 가려 해도 갈 수 없다.

860 □ 社長の言うことに少しでも反対しようものなら、直ちに首にされてしまうだろう。
사장의 하는 말에 조금이라도 반대하는 경우에는, 즉각 해고되어 버릴 것이다.

861 □ 腹を割って話し合おうじゃないか。
마음을 터놓고 이야기하지 않겠는가?(이야기 하자)

862 □ 会議に出ようと出まいと勝手ですが、後からあれこれ言うのはやめてください。
회의에 나오든 말든 자유지만, 나중에 이러쿵 저러쿵 말하는 것은 그만두세요.

형태, 의미로 분류해 본 숙어 59

STEP6

PART 1 — 극한을 나타내는 **숙어 8** (Track ㉒)

863 □	~の至(いた)り	~하기 그지없음
864 □	~に至(いた)る	~에 하기 이르다
865 □	~きわまりない	~하기 한(짝)이 없다(명사 + きわまりない)
866 □	~の極(きわ)み	~의 극치
867 □	~しかない	~할 수밖에 없다
868 □	~末(すえ)に	~(한) 끝에
869 □	~すら	~조차, ~도
870 □	まで(のこと)だ	~따름일 뿐이다, ~하면 된다

863 □　私の研究が評価され、光栄の至りです。
　　　　내 연구가 인정을 받아 영광스럽기 그지없습니다.

864 □　死者が出るに至って、政府はようやく伝染病対策本部を設けた。
　　　　사망자가 나오기에 이르러, 정부는 마침내 전염병 대책본부를 설치했다.

865 □　君の態度は失礼きわまりない。
　　　　자네의 태도는 무례하기 짝이 없다.

866 □　ここで断念するのは遺憾の極みです。
　　　　여기서 단념하는 것은 유감스럽기 짝이 없다.

867 □　なにしろ社長直々の命令ですから、私たちも頑張るしかないですよ。
　　　　아무튼 사장의 직접 명령이므로 우리들도 분발할 수밖에 없습니다.

868 □　長い就職活動の末にやっと入った会社が3ヶ月で倒産してしまいました。
　　　　오랜 취직준비 끝에 겨우 들어간 회사가 3개월 만에 도산해 버렸습니다.

869 □　貧乏で学校にすら行けなかった。
　　　　가난해서 학교에도 갈 수 없었다.

870 □　向こうが来ないのなら、こっちから出向くまでのことだ。
　　　　상대방이 안 오면 이쪽에서 가면 된다.

PART 2   가정조건을 나타내는 **숙어 10**   Track ㉓

871 ☐	～ならまだしも	～하면 모르나, ～하면 또 모르되
872 ☐	～から言_いえば	～에서 말하면
873 ☐	～からすると	～으로 판단하면
874 ☐	～くらいなら	～할 정도라면, ～할 바에는
875 ☐	～たら最後_{さいご}	일단 ～했다하면, 일단 ～하기만 하면
876 ☐	～とあれば	～라는 이유라면, ～라는 상황이라면
877 ☐	～ともなれば	～이 되면, ～정도가 되면
878 ☐	～ばこそ	～이기 때문에

871 千円ならまだしも、二千円は高い。
천 엔이면 몰라도 2천 엔은 비싸다.

872 利用者側から言えば、スーパーの営業時間は長いほうがいい。
이용자 편에서 말하자면 슈퍼 영업시간은 긴 편이 좋다.

873 服装からすると、あの人はサラリーマンではなさそうだ。
복장으로 판단하면 저 사람은 샐러리맨은 아닌 것 같다.

874 休日出勤するくらいなら、今日徹夜して終わらせた方がましです。
휴일출근을 할 바에는 오늘 철야를 해서 끝내는 것이 낫습니다.

875 彼にそう言ったら最後、二度と聞き入れてもらえません。
그에게 그렇게 말했다면, 더 이상은 들어주지 않습니다.

876 気温が26度とあれば、半袖を着るのもわかる。
기온이 26도라면 반팔을 입는 것도 이해가 된다.

877 年収1億を稼ぐともなれば、乗っている車も違うものだ。
연 수입 1억 엔을 벌 정도가 되면 타는 차도 달라진다.

878 君ならできると思えばこそ、厳しくするんです。
너라면 할 수 있다고 생각하기 때문에 엄하게 하는 것입니다.

879 ☐	~ばよかった	~하면 좋았다(유감, 후회)
880 ☐	~ものなら	만일 ~할 수 있다면(가능표현을 수반하여 거의 불가능하다고 여겨지는 일을 가정하는 말투)

879 □ あの時、せめて電話番号を聞いておけばよかった。
그때 적어도 전화번호를 물어보는 것이 좋았을 텐데.

---

880 □ 憧れのアメリカへ留学できるものなら、どんな苦労もがまんできる。
동경하던 미국 유학을 갈 수 있다면, 어떤 어려움도 참을 수 있다.

접미어 중심의 숙어 13

881 ☐	～おきに	~간격으로, 걸러서 (일정한 간격을 두고 일이 거듭됨)
882 ☐	～かたがた	~을 겸해서, ~하는 김에
883 ☐	～がてら	~하는 김에
884 ☐	～がましい	마치~하는 것 같다
885 ☐	～がらみ	~에 관련된 움직임
886 ☐	～刻(きざ)み	~마다 ㉮「～ごとに、～おきに」
887 ☐	～気味(ぎみ)	~기색(기운, 기미)
888 ☐	～ぐるみ	~까지 포함하여, ~까지 전부(몽땅)

881 □ 1週間おきに土曜日が休みとなった。先週は出勤だったから今週は休みだ。
1주일 걸러서 토요일이 휴일로 되었다. 지난주에는 출근 했으니까 이번 주는 휴일이다.

882 □ お礼かたがたご機嫌を伺ってこよう。
인사도 할 겸 기분이 어떤지 좀 살피고 와야지.

883 □ 友だちの見舞いがてら、その新しい病院に行ってみた。
친구 문병하는 김에 그 새로 생긴 병원에 가 보았다.

884 □ 催促がましくて、誠に恐縮ですが。
재촉하는 것 같아 대단히 죄송합니다만.

885 □ 政治がらみの国際イベントが開かれる。
정치에 관련된 국제이벤트가 열린다.

886 □ 五分刻みにバスが発車する。
5분마다 버스가 발차하다.

887 □ 風邪ぎみなので、大事を取って学校を休んだ。
감기 기운이 있어, 만일에 대비하여 학교를 쉬었다.

888 □ 企業ぐるみの組織的な不正事件が発覚された。
기업이 포함된 조직적 비리사건이 발각되었다.

889 ☐	~ごとに	~마다 ①전부, 예외 없이 ②하나의 단위로 말할 때
890 ☐	~ずくめ	~일색
891 ☐	~だらけ	~투성이
892 ☐	~ついでに	~하는 김에(=「~がてら」)
893 ☐	~目(め)	~째(순서를 나타낼 때 붙이는 말)

889 月刊紙は１ヶ月ごとに発行される。
월간지는 1개월마다 발행된다.

890 あの店はうまいものずくめで、何を食べてよいか迷ってしまう。
그 가게는 맛있는 것뿐이어서 무엇을 먹으면 좋을지 망설인다.

891 本という本が落書きだらけになった。
책이라고 하는 책 전부가 낙서투성이가 되었다.

892 引っ越しのついでに、要らないものは全部整理してしまおう。
이사하는 김에 필요 없는 것은 전부 정리해 두자.

893 二つ目の角を右に曲がってください。
두 번째 모퉁이를 오른쪽으로 도세요.

PART 4

「동사원형」과 잘 어울리는 숙어 13

894 ☐	〜かたわら	〜(하는) 한편
895 ☐	〜かも知れない	〜일지(도) 모른다(가능성)
896 ☐	〜代わりに	〜대신에(대신하여)
897 ☐	〜最中だ	한창 〜하는 중이다
898 ☐	〜際には	〜일 때는
899 ☐	〜たびに	〜할 적마다(〜할 때는 언제나)
900 ☐	〜つもり	〜할 작정(예정)
901 ☐	〜なり	〜하자마자

894 ☐ 彼女は子どもを育てるかたわら、大学院に通っている。
그녀는 아이를 키우면서 대학원에 다니고 있다.

895 ☐ 少し遅れるかもしれないので、その時は先に始めていてください。
좀 늦을지 모르므로 그 때는 먼저 시작하세요.

896 ☐ 禁煙をしているので、タバコを吸う代わりに、ガムをかんでいます。
금연중이기 때문에 담배를 피우는 대신 껌을 씹습니다.

897 ☐ 新入社員は本社で、物事がどのようになされるかを学んでいる最中だ。
신입사원은 본사에서, 일이 어떻게 이루어지는 지를 한창 배우고 있는 중이다.

898 ☐ 旅行をする際には貴重品に注意してください。
여행을 할 때에는 귀중품에 주의해 주세요.

899 ☐ 以前は朝起きるたびに腰が痛くてたまらなかった。
이전에는 아침에 일어날 적마다 허리가 아파 견딜 수 없었다.

900 ☐ 明日は休みなので私はショッピングに出かけるつもりです。
내일은 쉬는 날이므로 나는 쇼핑하러 나갈 생각입니다.

901 ☐ 立ち上がるなりめまいを感じ、その場に座り込んだ。
일어서자마자 현기증을 느껴 그 자리에 주저앉았다.

902 ☐	～にたる	～할 만한
903 ☐	～前(まえ)に	～하기 전에
904 ☐	～まじき	～해서는 안 되는
905 ☐	～や否(いな)や (～が早(はや)いか)	～하자마자, ～하기가 무섭게(～や、～が はやいか)
906 ☐	～ようにする	～하도록 하다(목적, 내용지시)

902 □ 今の野党は政権を担うにたる政党にまだ育っていない。
지금의 야당은 정권을 담당할만한 정당으로 아직 성장하지 않았다.

903 □ あなたはいつもご飯を食べる前にお風呂に入りますか。
당신은 언제나 밥을 먹기 전에 목욕을 합니까?

904 □ 教師を公然と侮辱するなど、学生としてとるまじき態度だ。
교사를 공공연히 모욕하는 것은, 학생으로서 취해서는 안 되는 태도이다.

905 □ 結婚するや否や彼の態度は変わった。
결혼하자마자 그의 태도는 바뀌었다.

906 □ 他人を納得させたいのなら、もっと論理的に話すようにしてください。
타인을 납득시키고 싶으면 좀 더 논리적으로 말하도록 하세요.

PART 5

「연어」로 암기할 **숙어 15** 　　Track ㉖

907 ☐	~うちに	~동안에
908 ☐	つい~てしまう	(나도 모르게)그만 ~해 버리다
909 ☐	~できるだけ	~가능한 한(소극적 의미)
910 ☐	~ところをみると	~한 것을 보니
911 ☐	どんな(に)(~ても(でも))	아무리 ~라도
912 ☐	~ならでは	~가 아니고는, ~이외에는
913 ☐	~ぬきには	~없이, ~를 빼고

907 □ 日本にいるうちにできるだけ日本を旅行したい。帰国したらまた日本へ来る機会はないだろうから。
일본에 있는 동안에 가능한 한 일본을 여행하고 싶다. 귀국하면 또 일본에 올 기회는 없을 것 같으니까.

908 □ 悪いこととは知りつつ、つい黙って使ってしまいました。
나쁜 일인지 알면서도 그만 말없이 사용해 버렸습니다.

909 □ 私もできるだけのことはしてみるつもりです。
나도 가능한 한 해 볼 작정입니다.

910 □ この時間まで来ないところをみると、会議があることを忘れているみたいですね。
이 시간까지 안 오는 것을 보니 회의가 있는 것을 잊은 것 같군요.

911 □ どんなにお金があっても、買えないものもあります。
아무리 돈이 있어도 살 수 없는 것이 있습니다.

912 □ このレストランには、この店ならではのサービスがある。
이 레스토랑에는 이 가게가 아니면 받을 수 없는 서비스가 있다.

913 □ 本人ぬきにはいくら話し合っても意味がない。
본인 없이는 아무리 이야기를 해도 의미가 없다.

914 ☐	～の一環（いっかん）として	～의 일환으로
915 ☐	～の代（か）わりに	～을 대신해서(～に代（か）わって)
916 ☐	～ばかりか	～뿐만 아니라
917 ☐	～ばかりに	～한 탓에, ～때문에
918 ☐	～ば～ほど	～하면 ～할수록
919 ☐	～までに	(늦어도) ～까지
920 ☐	～もそこそこに	～도 하는 둥 마는 둥
921 ☐	～わりに	～에 비해

914 生涯学習の一環として設けた講座で名高い。
평생학습의 일환으로 개설된 강좌로 유명하다.

915 革のかわりにビニールが使われています。
가죽 대신에 비닐이 사용되고 있습니다.

916 納期に遅れたばかりか、製品には大量の不良品が混ざっていました。
납기가 늦었을 뿐만 아니라 제품에는 대량의 불량품이 섞여 있었습니다.

917 上司に気に入られたいばかりに、できない仕事をできると言ってしまいました。
상사의 마음에 들고 싶어서 할 수 없는 일을 할 수 있다고 해 버렸습니다.

918 納品は早ければ早いほどいいです。
납품은 빠르면 빠를수록 좋습니다.

919 明日までに読めるだけ読んでみます。
내일까지는 읽을 수 있을 만큼만 읽어보겠습니다.

920 寝坊した私は化粧もそこそこに、家を飛び出した。
늦잠을 잔 나는 화장도 하는 둥 마는 둥 집을 뛰쳐나갔다.

921 あの人は、よく勉強するわりに、成績が上がらない。
그 사람은 열심히 공부하는데 비해 성적이 오르지 않는다.

저자약력

강성광(姜星光)

서경대학교 일어일문학과 수석졸업

일본 문부성 초청 국비유학 (京都大)

중앙대학교 교육대학원 졸업(일본어교육학)

現 청문외국어학원(종로본원) JPT/일본어능력시험 전문 강사

카페 http://cafe.daum.net/KingJPT (강성광선생님과 JPT달인되기)

이메일 khi8896@hanmail.net

130점 더 올려주는
JPT 숙어표현 900

2쇄발행 | 2018년 5월 20일

저자 | 강성광
발행인 | 이기선
발행처 | 제이플러스
주소 | 서울시 마포구 월드컵로 31길 62
전화 | (02) 332-8320
팩스 | (02) 332-8321
등록번호 | 제10-1680호
등록일자 | 1998년 12월 9일
홈페이지 | www.jplus114.com

ISBN 978-89-92215-92-3

값 9,000원

※ 파본은 구입하신 서점에서 바꾸어 드립니다.